中国都市圈

理论机理、空间态势与产业协同发展

马燕坤 ◎ 著

METROPOLITAN CIRCLES IN CHINA:
THEORETICAL MECHANISM,
SPATIAL SITUATION AND
INDUSTRIAL SYNERGY DEVELOPMENT

经济管理出版社
ECONOMY & MANAGEMENT PUBLISHING HOUSE

图书在版编目（CIP）数据

中国都市圈：理论机理、空间态势与产业协同发展/马燕坤著 . —北京：经济管理出版社，2020.11

ISBN 978 - 7 - 5096 - 7462 - 8

Ⅰ. ①中…　Ⅱ. ①马…　Ⅲ. ①城市群—发展—研究—中国　Ⅳ. ①F299. 21

中国版本图书馆 CIP 数据核字（2020）第 158363 号

组稿编辑：张巧梅
责任编辑：张巧梅
责任印制：赵亚荣
责任校对：陈晓霞

出版发行：经济管理出版社
　　　　　（北京市海淀区北蜂窝 8 号中雅大厦 A 座 11 层　100038）
网　　　址：www. E - mp. com. cn
电　　　话：(010) 51915602
印　　　刷：唐山昊达印刷有限公司
经　　　销：新华书店
开　　　本：720mm × 1000mm/16
印　　　张：11. 75
字　　　数：204 千字
版　　　次：2020 年 11 月第 1 版　　2020 年 11 月第 1 次印刷
书　　　号：ISBN 978 - 7 - 5096 - 7462 - 8
定　　　价：78. 00 元

前　言

　　"二战"后，经济全球化和区域经济一体化加速推进，世界经济地理格局和区域经济地理格局都发生了明显的变化，城市群逐渐成为国家和地区参与国际竞争的基本单元，同时也成为支撑国家经济社会发展的战略高地和引领区域经济社会发展的重心地区。改革开放以来，我国经济社会快速发展，城市群现象也在较为发达地区率先出现，已被中央政府确定为推进城镇化和促进区域协调发展的重大举措和重要抓手。截至目前，长江中游城市群、哈长城市群、成渝城市群、长江三角洲城市群等跨省级行政区的城市群发展规划陆续得到国务院批复并颁布实施，其余省内的城市群发展规划编制工作基本完成。然而，规划范围普遍过大，实施政策的空间尺度太大，严重削弱了国家规划的实施效果。

　　2019年2月19日，国家发展和改革委员会发布了《关于培育发展现代化都市圈的指导意见》，明确提出要培育发展一批现代化都市圈，形成区域竞争新优势，为城市群经济转型升级、高质量发展提供重要支撑。以大都市为核心的都市圈是一个比城市群小得多的空间尺度，也是城市群形成的重要前提条件。城市群的国际竞争力是都市圈及其周边城市国际竞争力的综合反映。都市圈是城市群的核心竞争力所在。建设现代化都市圈，有利于形成空间范围更大、辐射带动功能更强的城市群，也有利于引领和促进区域协调发展和城乡融合发展。目前，我国学术界尚未形成对都市圈的统一认识，造成都市圈概念界定和现实中研究对象的不一致、各说各话的问题突出。对同一个概念的界定和认识不统一或不清晰，不仅不利于对区域经济现象的深入研究，而且不利于政府部门实践工作的有序开展。因此，深化都市圈及相关问题研究，不仅具有重要的现实意义，还具有重要的理论意义。

　　本书对我国都市圈的理论机理、空间态势和产业协同发展从理论到实践方面进行了较为深入而又细致的研究，共分为六个章节。第一章是绪论，首先对研究选题的背景和意义进行阐释，其次说明研究过程中所使用的研究方法以及开展研究的技术路线，最后指出本书研究的创新点及不足之处。

第二、第三章是理论分析。第二章首先通过文献综述的形式对都市区、都市圈和城市群三个概念及其内涵进行了科学合理的界定，其次分析了它们之间的联系和区别，最后以纽约都市圈、东京都市圈、伦敦都市圈、巴黎都市圈和上海都市圈为例考察了世界典型都市圈的发展态势。第三章首先运用新兴古典经济学理论演绎了城市和企业在交易成本降低条件下是如何从劳动分工中产生的；其次运用新经济地理学理论演绎了在贸易成本降低条件下都市圈形成的微观机理；最后运用新经济地理学理论分别演绎了在运输成本或通信成本降低条件下都市圈产业分工深化的微观机理。

第四、第五章是实证分析。第四章首先以城区常住人口300万以上作为划定我国大都市的标准，进而根据2016年统计数据界定出我国27个大都市；其次构建大都市对周边城市的引力模型和场强模型，遵循以地级市为基本单元、辐射距离有限性、地理上保持连续性等原则，设定统一的引力强度和场强标准，界定出我国20个都市圈的空间范围，其中，核心城市人口规模在500万以上的都市圈组成中国十二大都市圈。经测算，我国十二大都市圈利用不到全国1/10的土地，承载了全国近1/3的人口，创造了全国近1/2的经济产出。第五章首先通过文献综述的形式分析了生产性服务业的概念和作用及在都市圈内的空间集聚，并运用新兴古典经济学理论演绎了生产性服务业衍生于生产制造业的诱因和过程；其次构建都市圈城市功能分工强度的模型，测度了我国十二大都市圈城市功能分工强度的时空变化，由此对我国都市圈产业协同发展的时空特征进行了分析；最后构建都市圈城市流强度模型，分别测算了我国十二大都市圈各城市生产性服务业和制造业的流强度，不但发现生产性服务业普遍高度集聚于各个都市圈的核心城市，也发现制造业在各个都市圈外围城市的集聚普遍呈现出明显的圈层结构。通过时序比较发现，随着大都市作为核心城市的辐射力不断增强，都市圈的紧密圈层会围绕核心城市形成，与此同时，都市圈的边缘圈层会逐步向外扩展。

第六章即最后一章是本书的主要结论和对策建议。首先从四个方面总结了本书研究的主要结论；其次阐释了我国建设现代化都市圈在经济高质量发展、区域协调发展、乡村振兴和形成范围更大的城市群四个方面的战略意义，接下来指出了编制都市圈规划的目的和主要内容；最后从五个方面提出了促进我国都市圈高质量发展的政策建议。

目　录

第一章 绪 论

随着经济全球化和区域经济一体化程度的日益加深，城市群逐渐成为国家和地区参与国际经济竞争的基本单元，同时也成为支撑国家经济社会发展的战略高地和引领区域经济社会发展的重心地区。20 世纪 80 年代以来推进的改革开放，使我国经济快速增长，社会面貌大幅度改观，在长江三角洲、粤港澳大湾区、京津冀等较发达地区率先出现城市群现象。进入 21 世纪，实施城市群规划建设逐步确定为我国政府推进新型城镇化进程和优化城镇空间发展格局的重大举措和重要抓手。然而，以大都市为核心的都市圈是城市群形成的重要前提条件，也是城市群的核心区域。没有都市圈，就不可能形成城市群。因此，本书把我国都市圈的理论机理、空间态势和产业协同发展作为研究对象。本章首先对本书的研究背景和意义进行阐述，其次说明研究过程中所使用的研究方法以及开展研究的技术路线，最后指出本书的创新点及不足之处。

第一节 研究背景

"二战"后，经济全球化和区域经济一体化进程加速推进，世界经济地理格局和区域经济地理格局都发生了明显的改变，城市群逐渐成为国家和地区参与国际竞争的基本单元。然而，以大都市为核心的都市圈是城市群形成的重要前提条件，也是城市群的核心区域。没有都市圈，就不可能形成城市群。城市群的国际竞争力是都市圈及其周边城市国际竞争力的综合反映，而都市圈是城市群的核心竞争力所在。

一、经济全球化与区域经济一体化重塑经济地理格局

随着科学技术的进步，尤其是20世纪70年代以来的信息技术革命，全球生产力得到快速提高，经济全球化进程也加快推进。经济全球化不仅使得国家和地区间的经济联系更为紧密，而且大大加剧了国家和地区间对优质要素的竞争，从而催生了区域经济一体化组织的出现，区域经济一体化进程加快。经济全球化和区域经济一体化使得世界各国的生产要素在全球范围内快速流动，从而实现优化配置。作为国家和地区参与国际竞争主要节点的城市，尤其是对全球资本资源和生产活动具有支配力和控制力的世界城市，为了吸引和留住快速频繁流动的优质资本和高素质人才，不得不创新经济管理的体制机制，改善甚至创造对高素质人才和优质资本具有吸引力的条件和环境，优化调整产业结构，加强与周边地区和城市的分工合作，实现优势互补，形成区域综合竞争力，以应对经济全球化大背景下的新机遇和新挑战，从而催生了大量城市密集区域的出现。世界银行2009年度发展报告《重塑世界经济地理》指出，密度、距离和分割是经济地理的三大特征，某些地区的发展势头良好正是遵循经济地理三大特征的结果：提高密度、缩短距离和减少分割。密度、距离和分割三种力量不仅在重塑着世界经济的地理格局，而且在重塑着国家和区域经济的地理格局，高密度（经济要素高度集聚）、短距离（劳动力和企业向密集区频繁流动）和弱分割（区域经济高度一体化）的巨型功能性城市密集分布区域的不断涌现就是三种力量起作用的经济地理表现，逐渐形成许多以大都市为核心的功能明确、分工合理、联系紧密的城市群体。

二、城市群确定为我国未来城镇人口空间分布的主要载体

随着我国城市经济的迅速发展，第一产业就业人口大规模地向第二、第三产业转移，农村人口大规模向城市和城镇集中，使城镇化水平持续快速提高。1995～2018年，我国城镇化率从29.0%持续提高到59.6%，年均增加1.3个百分点以上。2011年，我国城镇化率达到51.3%，首次超过50%，标志着我国正式进入以城镇人口为主体的发展新阶段。在此过程中，新城市（城镇）在全国范围内不断涌现，城市发展空间不断拓展，城市数量快速增多，城市发展由分散孤立转向集群协作，城市间、城市与城镇间，甚至城镇间的货物、资金、信息、人员、技术等物质的交互流动愈加频繁、经济联系日益紧密，区域和城乡一体化进程加

快推进，城市群体化、群体城市化现象越来越明显，产业空间发展形式也由单一产业集群逐渐演变为由多个产业集群组成的庞大的产业集群化区域，从而形成具有独特空间结构的城市群经济实体。上述现象在我国长江三角洲、粤港澳大湾区、京津冀等地区的表现尤为突出，成为我国区域经济发展的主要特征。2006年，支持城市群发展首次出现在国家"十一五"规划纲要中，之后支持城市群发展成为促进我国经济社会高质量发展的重要内容，如表 1-1 所示。可见，城市群已经成为我国推进新型城镇化和促进区域协调发展的重大举措，势必对我国经济社会发展产生重要而深远的影响。

表 1-1 我国支持城市群发展的规划文件及相关内容

规划文件和城市工作会议	相关内容
国家"十一五"规划纲要	有条件的区域，以特大城市和大城市为龙头，通过统筹规划，形成若干用地少、就业多、要素集聚能力强、人口分布合理的新城市群
国家"十二五"规划纲要	按照统筹规划、合理布局、完善功能、以大带小的原则，遵循城市发展的客观规律，以大城市为依托，以中小城市为重点，逐步形成辐射作用大的城市群
《国家新型城镇化规划（2014 - 2020)》	把城市群发展成为支撑全国经济增长、促进区域协调发展和参与国家竞争合作的重要平台
2015 年 12 月 20 日召开的中央城市工作会议	直接把城市群确定为我国未来城镇人口空间分布的主要载体，提出要科学规划城市群的空间布局和功能定位，使之成为我国推进新型城镇化的主体力量
国家"十三五"规划纲要	优化提升东部地区城市群，培育中西部地区城市群，建立健全城市群发展协调机制，推动跨区域城市间产业分工、基础设施、生态保护、环境治理等协调联动，实现城市群一体化高效发展

资料来源：笔者整理。

三、以大都市为核心的都市圈是城市群形成的重要前提条件

在经济全球化和信息化日益强化的背景下，发展中国家和新兴经济体开始崛起，大都市大量涌现，国际竞争日益加剧，城市"单枪匹马"参与国际竞争已

经显得势单力薄、力不从心。作为全球范围内经济最为活跃的区域，城市群逐渐成为许多国家和地区参与国际竞争的基本单元，甚至逐渐成为一个国家或地区经济社会发展的主导力量，对世界经济的影响作用日益加深。城市群作为开放经济体参与国际竞争的空间载体，其内部在经济、社会、文化等方面发生和发展着密切的由货物流、资金流、信息流、人员流、技术流等物质流构成的交互联系，逐渐形成一个相互作用、相互依赖的时空网络，跨越单个城市或城镇的空间尺度范围进行着资源优化配置、产业优化布局、功能合理分工、生产互助协作，不仅有利于推动区域经济加快发展，而且有利于提升各规模等级城市参与国际竞争的综合实力。城市群由一个或多个以大都市为核心的都市圈及其周边城市圈耦合形成。都市圈是城市群的核心区域，也是城市群的核心竞争力所在。作为在空间上经济区域化的具体表现，都市圈肇始于大都市对周边地区和城市的辐射带动，使大都市与周边城市之间既存在对优质资源要素的竞争关系，也存在功能互补合作的共生关系。作为大都市的经济腹地，都市圈外围城市的制造业发展一方面得益于大都市的产业转移和高效优质的生产性服务和中间制造品作为中间投入以及广阔旺盛的消费市场，也可以通过大都市的国际化网络便捷地接入全球市场并参与经济全球化；另一方面则为大都市生产性服务业和高新技术制造业发展提供了持续旺盛的生产性服务和中间制造品市场需求。由大都市强大辐射带动形成的都市圈是城市群发挥规模经济效应、集聚经济效应、外部经济效应、协同发展效应、整体功能效应和创新经济效应的集中体现。有了都市圈，才有可能形成城市群，都市圈是城市群形成的重要前提条件。

第二节　研究意义

对我国都市圈的理论机理、空间态势和产业协同发展进行深入研究，一方面，能够深化对都市圈的理论认识，具有重要的理论意义；另一方面，可为我国建设现代化都市圈提供参考，具有重要的现实意义。

一、理论意义

都市圈理论起源于日本。20世纪50年代，日本学者木内信藏对日本的城市进行研究后，提出了大城市的"三地带学说"，即大城市由中心地域、周边地域和边缘广阔腹地三个圈层组成。这一思想后来发展成为"都市圈"理念，并得到了日本政府部门的认同。日本政府部门不但界定了"都市圈"和"大都市圈"的概念，也多次编制了以东京都市圈为代表的都市圈规划。直到20世纪80年代，都市圈理论才被引入我国。我国学者对都市圈理论和我国都市圈发展进行了广泛的研究，研究成果层出不穷。然而，我国学者对都市圈的认识并不一致，造成对都市圈概念界定的不一致，进一步造成研究的现实对象也不一致。对于同一个区域或同一个现象，有的学者用都市圈来描述，有的学者则用城市群来描述，还有的学者用都市区来描述，甚至在一篇文章中用多个名词来描述同一个现象或同一个区域。如美国东北海岸城市密集区域，有的中国学者称为都市圈，有的中国学者称为城市群，还有的中国学者称为都市区。对同一个概念的界定和认识不统一或不清晰，不仅不利于深入研究区域经济现象及问题，而且不利于政府部门实践工作的有序开展。因此，非常有必要对都市圈的概念及其内涵进行科学合理的界定。本书不仅对都市圈及相关概念及内涵进行了科学合理的梳理和界定，并分析了它们之间的联系和区别，而且运用新兴古典经济学和新经济地理学的经典理论演绎了都市圈形成和产业分工深化的微观机理，以求教于学界，期望能够促进都市圈理论发展和深化人们对都市圈的认识。

二、现实意义

40多年的改革开放推动了我国一些地区的率先快速发展，陆续出现了一批经济较发达地区。在这些地区，城市间、城市与城镇之间、城镇间、城镇与乡村之间由货物、人员、资金、信息、技术等物质流动构成的经济联系日益紧密，城市集群现象逐渐呈现。以长江三角洲城市群、粤港澳大湾区城市群、京津冀城市群等城市群为代表的10多个城市群，对我国经济社会发展形成显著的引领态势。依托于高密度、快速度、大运量的交通及通信基础设施，日益紧密的经济联系将城市群内各个空间单元凝聚成一个具有综合竞争力的整体，参与国际竞争，并对世界经济产生重要影响。《国家新型城镇化规划（2014－2020）》明确提出，未来要在全国范围内建设19个城市群。目前，长江中游城市群、哈长城市群、成渝城市群、长江三角洲城市群等跨省级行政区的城市群发展规划陆续得到国务院批复并颁布实施，其余省域范围内的城市群发展规划编制工作也基本完成。就国务院批复的城市群发展规划来说，规划范围普遍过大，导致实施政策的空间尺度太大，严重制约了支持城市群发展的政策和措施的落实和成效。国家发展和改革委员会发布的《关于培育发展现代化都市圈的指导意见》，明确提出要在市场统一、基础设施、公共服务、产业发展、生态环境、城乡融合等方面支持都市圈发展，用以支撑城市群经济转型升级和高质量发展。[①] 都市圈是一个比城市群小得多的空间尺度，也是城市群的核心区域。规划建设现代化都市圈有利于形成空间范围更大、辐射带动功能更强的城市群。《关于培育发展现代化都市圈的指导意见》还明确提出："探索编制都市圈发展规划或重点领域专项规划。"因此，本书对我国都市圈形成机理、空间态势和产业协同发展进行深入研究，使用科学的方法，合理界定我国都市圈的发展态势，并分析我国都市圈产业协同发展的圈层结构，对于我国编制高质量的都市圈规划及其专项规划，建设现代化都市圈，具有重要的参考价值。

第三节　研究框架

本书的研究框架包括研究所使用的分析方法和研究逐步展开的技术路线两部分。

一、研究方法

将综合区域经济学、城市经济学、产业经济学、新经济地理学、集聚经济学、新兴古典经济学等学科的研究方法，从多学科融合的角度，对我国都市圈的理论机理、空间态势和产业协同发展进行全方位、多角度的分析。

1. 规范分析与实证分析相结合的研究方法

规范分析和实证分析的方法被广泛应用于经济学的研究领域，规范分析侧重于对研究对象的理性判断，实证分析侧重于对研究对象的客观描述。本书对我国

---

① 2019年2月19日，国家发展和改革委员会发布的《关于培育发展现代化都市圈的指导意见》，明确提出"以促进中心城市与周边城市（镇）同城化发展为方向，以创新体制机制为抓手，以推动统一市场建设、基础设施一体高效、公共服务共建共享、产业专业化分工协作、生态环境共保共治、城乡融合发展为重点，培育发展一批现代化都市圈，形成区域竞争新优势，为城市群高质量发展、经济转型升级提供重要支撑"。

都市圈的理论机理、空间态势和产业协同发展进行研究，不仅要从理论层面进行深入的理论探讨和模型演绎，而且要构建数理模型进行实证分析，且规范分析与实证分析相结合，尽可能地增强研究结论的科学性和实用性。

2. 定性分析与定量分析相结合的研究方法

对我国都市圈的理论机理、空间态势和产业协同发展进行研究，首先要对都市圈的概念及其内涵进行科学合理的界定，明晰和深化人们对都市圈的理论认识；其次，结合我国都市圈发展实践，构建科学合理的测度方法，对我国都市圈的发展态势和产业协同发展进行定量分析，提升人们对我国都市圈发展的现实认识。

二、技术路线

本书首先通过文献综述的形式，对都市圈及其相关概念进行了界定和比较分析，并描述了世界五大典型都市圈的发展情况；其次，对都市圈形成和产业分工深化的微观机理进行了理论演绎；再次，运用科学合理的界定方法分析了我国都市圈发展的空间态势；最后，通过构建测度模型，对我国都市圈产业协同发展的时空特征和圈层结构进行了分析，如图 1 – 1 所示。

本书认为都市圈是大都市通过扩散辐射效应与周边地区发生相互作用的产物，都市圈的空间范围是大都市与周边城市相互联系和合作的区域，大都市与周边城市的关系是产业协作和分工的关系，是产业辐射圈。因此，本书界定都市圈的概念为：以超大城市、特大城市或辐射带动功能强的大城市形成的大都市为核心，以大都市的辐射距离为半径，所形成功能互补、分工合作、经济联系比较紧密的区域。其主要有四个方面的基本内涵：一是由超大城市、特大城市或辐射带动功能强的大城市形成的大都市是都市圈形成的前提条件；二是都市圈的辐射核即核心城市在多数情况下只有一个；三是都市圈内城市间的经济社会联系主要是产业联系和市场联系；四是都市圈的空间范围取决于大都市辐射半径的大小。

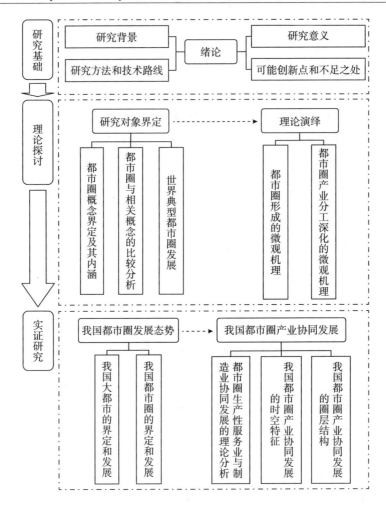

图1-1 本书的技术路线

第四节 研究的创新点

本书对我国都市圈的理论机理、空间态势和产业协同发展进行了理论联系实际的系统分析，可能创新点主要表现在以下四个方面：

一、合理界定了符合我国国情的都市圈和相关概念及其内涵

自 20 世纪 80 年代都市圈概念从日本传入我国后，我国许多学者对都市圈理论及在我国的发展进行了研究。然而，我国学术界对都市圈的认识并不一致，都市圈概念的使用比较混乱。对于同一个区域或同一个现象，有的学者用都市圈来描述，有的学者则用城市群来描述，还有的学者用都市区来描述，甚至在一篇文章中用多个名词来描述同一个现象或同一个区域。如美国东北海岸城市密集区域，有的中国学者称为都市圈，有的中国学者称为城市群，还有的中国学者称为都市区。对于同一个概念来说，无论是它原本的内涵，还是它延伸的含义，我国学术界都应该形成统一的认识和概念界定。本书通过文献梳理的形式，对容易混淆使用的都市区、都市圈、城市群三个概念及其内涵进行了合理界定，并比较了它们之间的联系和区别。

二、运用经典理论模型演绎了都市圈形成和产业分工深化的微观机理

深入研究都市圈形成和发展的微观机理，对于发展都市圈理论非常重要，也有利于深化人们对都市圈的认识。然后，从现有的研究文献来看，鲜见从都市圈形成和发展机理的角度进行的研究。本书不仅运用新兴古典经济学理论分析了城市和企业的形成机理，而且运用新经济地理学理论分析了都市圈形成的微观机理，也运用新经济地理学理论分析了都市圈产业分工深化的微观机理。

本书认为，都市圈形成和发展于大都市产业结构优化升级的过程中向周边地区和城市的产业转移。这种产业转移伴随于大都市与周边地区和城市之间的交通条件改善。通过产业转移，大都市对周边地区和城市的经济社会发展起到了辐射带动作用，大都市与周边地区和城市也形成了密切的经济联系，而这种联系最初主要是指市场联系。随着大都市发展壮大，那些需要中间制造品投入的制造业企业迫于大都市生产成本高涨的压力开始迁离大都市，从核心城市到外围城市的新一轮产业转移开始，中间制造品供求企业之间的空间分离越来越明显，核心城市与外围城市的第一种产业联系形成。随着通信技术进步及应用，那些需要中间服务品投入的制造业企业迫于大都市生产成本高涨的压力也开始向外围城市迁移，从核心城市到外围城市的又一轮产业转移开始，中间服务品供求企业之间的空间分离越来越明显，核心城市与外围城市的第二种产业联系形成。在此过程中，都市圈核心城市与外围城市之间的产业分工不断深

化，最后形成核心城市专业化于生产性服务功能、外围城市专业化于生产制造功能的城市功能分工。

三、使用科学的方法界定了我国二十个都市圈的空间范围

根据都市圈的定义，大都市是指超大城市、特大城市或辐射带动功能强的大城市。本书认定Ⅰ型大城市为辐射带动功能强的大城市，由此，使用 2016 年《中国城市建设统计年鉴》数据界定出了我国 27 个城区常住人口达到 300 万人以上的城市，即大都市。

本书使用了改进后的引力模型来界定我国都市圈的空间范围。在计算城市间经济距离的过程中，借鉴并改进了高汝熹和罗明义（1998）的方法。在改进都市圈空间范围界定方法的基础上，遵循一定的原则，使用 2016 年国家统计数据，计算我国大都市与周边城市的引力强度及场强，设定全国统一的标准，界定出了我国 20 个都市圈的空间范围。在此基础上，以核心城市即大都市城区常住人口 500 万人以上为标准，确定了我国十二大都市圈，分别是上海都市圈、北京都市圈、重庆都市圈、广州都市圈、深圳都市圈、天津都市圈、武汉都市圈、成都都市圈、南京都市圈、郑州都市圈、杭州都市圈和沈阳都市圈。经测算，我国十二大都市圈利用不到全国 1/10 的土地面积，承载了全国近 1/3 的常住人口，创造了全国近 1/2 的经济产出。

四、分析了我国都市圈产业协同发展的时空特征和圈层结构

都市圈产业协同发展的动力来源于都市圈内中间制造品和中间服务品的供给与需求实现空间分离形成的产业联系。因为中间制造品和中间服务品的生产活动集聚在都市圈的核心城市，而它们的市场需求分散在外围城市，在都市圈核心城市与外围城市之间形成产业链上下游产业共生互促发展的关联关系，从而形成了都市圈产业协同发展的空间格局。

众所周知，都市圈具有圈层结构，而这种圈层结构是由都市圈产业协同发展带来的。在都市圈内，遵循节约成本的原则，作为核心城市的大都市对周边城市的辐射带动即产业转移是有经济距离远近之分的，从而形成了大都市产业向外转移的圈层结构，也就形成了都市圈产业协同发展的圈层结构。本书主要研究了都市圈生产性服务业与制造业协同发展的时空特征和圈层结构，首先对都市圈生产性服务业与制造业协同发展及生产性服务业在都市圈内的空间集聚进行了理论分

析，其次通过构建城市功能分工强度模型和城市流强度模型分别测度并分析了我国十二大都市圈产业协同发展的时空特征和圈层结构。

第五节 研究的不足之处

限于笔者研究的能力和精力，也鉴于数据的可获得性，本书主要存在三个方面的不足。

一、没有在同一个理论框架内分析都市圈形成和产业分工深化的微观机理

都市圈形成和产业分工深化应该是一个时空连续演进的过程，在同一个理论框架内分析都市圈形成和产业分工深化的微观机理具有更重大的理论意义。但是，鉴于研究水平的有限性，本书运用新经济地理学理论分别对都市圈形成和产业分工深化的微观机理进行了分析，会造成一种割裂的感觉。今后，如何把都市圈形成和产业分工深化的微观机理纳入同一个理论模型内进行分析应该是本书研究的一个重要方向。

二、以地级行政区为基本单元来界定我国都市圈的空间范围

为了简化分析，本书以地级行政区为基本单元来界定我国都市圈的空间范围。这样一来，可能会造成我国有些大都市没有形成都市圈的错觉，其实不然。有的大都市规模较小，辐射半径较短，或是没有对周边的地级城市形成较强的辐射带动作用，或是根本没有突破本身的行政区。因为以地级行政区为基本单元，所以不能真实界定出它们的都市圈空间范围。即使界定出的都市圈，也可能存在空间范围界定过大的问题。把界定都市圈空间范围的单元尺度缩小到县级行政区，更能准确地界定都市圈的空间范围，也更能真实地反映大都市的辐射范围。这应该是本书研究的一个努力方向。

三、使用间接方法考察了我国都市圈的产业协同发展水平

鉴于数据的可获得性，本书通过都市圈城市功能分工强度来度量我国都市圈的产业协同发展水平。另外，城市功能分工强度仅能反映都市圈核心城市与外围

城市之间中间服务品供求关系形成的产业联系，并不能描绘我国都市圈产业协同发展的全部图景。随着大数据技术的普及和城市产业数据统计的进步，我们应该设计更为科学合理的测度方法，既直接又全面测度和分析我国都市圈的产业协同发展。这又是本书一个很重要的研究方向。

第二章　都市圈及相关概念的界定和比较分析

第一节　引　言

都市圈是我国城镇人口空间分布的重要载体，也是城市群形成和发展的重要一环，在我国推进新型城镇化进程中起着承上启下的重要作用。《国家新型城镇化规划（2014－2020 年)》明确强调，特大城市要适当疏散经济功能和其他功能，推进劳动密集型加工业向外转移，加强与周边城镇基础设施连接和公共服务共享，推进中心城区功能向 1 小时交通圈地区扩散，培育形成通勤高效、一体发展的都市圈。《关于培育发展现代化都市圈的指导意见》明确提出："以促进中心城市与周边城市（镇）同城化发展为方向，以创新体制机制为抓手，以推动统一市场建设、基础设施一体高效、公共服务共建共享、产业专业化分工协作、生态环境共保共治、城乡融合发展为重点，培育发展一批现代化都市圈，形成区域竞争新优势，为城市群高质量发展、经济转型升级提供重要支撑。"建设现代化都市圈不仅是促进城市群发展的有效手段，而且是推进高质量城镇化的重要手段，起着引领区域协调发展、城乡融合发展和乡村振兴的重大作用，也起着引领现代化经济体系建设和经济高质量发展的作用，最终有利于探索具有中国特色的国家治理体系和治理能力现代化模式。

我国学者对都市圈的研究从 20 世纪 80 年代就已开始。然而，由于研究领域的不同和个人认识的差异，或是对同一英文名词翻译的差异，始终是"仁者见仁，智者见智"，我国学术界对"都市圈"这一概念至今没有形成统一的认识。对概念界定和认识的不统一和不清晰，不但不利于深入研究区域经济现象及其问题，也不利于政府部门实践工作的有序开展。笔者认为，都市区、都市圈与城市群是既有联系又有区别的三个不同概念。

第二节　都市区、都市圈和城市群的概念界定及其内涵

认识一个概念，不能仅仅看名称本身，而是要从概念所描绘的现象和所蕴含的内涵来理解。使用都市区、都市圈、城市群等概念，借鉴国外的宝贵经验很重要，但更要从理论与实践相统一的角度出发，界定符合我国国情的概念及其内涵。

一、都市区概念界定及其内涵

都市区的概念来源于美国。1910 年，美国管理和预算总署在人口普查时，提出了"都市区"（Metropolitan District[①]，MD）[②] 的概念。1949 年，美国把"都市区"改称为"标准都市区"（Standard Metropolitan Area，SMA），1959 年又改称"标准都市统计区"（Standard Metropolitan Statistical Area，SMSA），且把中心城市的人口规模降低到 5 万人以上（Kenneth Fox，1986）。20 世纪 80 年代以后，在标准都市统计区的概念基础上，美国预算与管理总署又提出了"主要都市统计区"（Primary Metropolitan Statistical Area，PMSA）和"联合都市统计区"（Consolidated Metropolitan Statistical Area，CMSA 或 Combined Statistical Area，CSA）的概念，后改"标准都市统计区"为"都市统计区"（Metropolitan Statistical Area，MSA），1990 年统称为"都市区"（Metropolitan Area，MA）（易承志，2014）。由此可见，美国对"都市区"的认识和界定是与时俱进的，且始终为了服务于

---

① "Metropolitan District"也可翻译为"大都市区"，然而，可称为"都市"的城市必然是一个规模很大的城市，本书统一翻译为"都市区"。

② 1910 年，美国管理和预算总署把都市区定义为以一个人口规模 10 万人以上的中心城市为核心，包括周围 10 英里范围内的区域，或者包括周围地区虽然超过 10 英里但城市连绵不断且人口密度超过 150 人/平方英里范围内的区域。

人口统计的需要，并没有考虑或预期其在非统计领域的应用，但美国联邦和州政府机构确实基于都市区来分配项目资金、制定项目标准和推进项目实施等（罗海明等，2005）。借鉴和学习美国的做法，西方发达国家如英国、法国、加拿大、澳大利亚先后提出了类似于都市区的概念。①

在我国学术界，研究都市区这一现象是从地理学者开始的。1987年，北京大学周一星教授认为，中国应该借鉴西方国家的都市区概念提出中国自己的城市功能地域统计概念，即"城市经济统计区"（周一星，1989）。孙胤社（1992）认为，都市区使人口与经济在更高层次和更广阔空间内实现了相互作用，并用统计分析方法验证了外围区县的非农水平代替外围区县与中心城市的通勤联系是可行的，最后用该方法界定了北京都市区的空间范围。周一星和史育龙（1995）也建议用外围区县的非农化水平来代替通勤指标。他们认为，西方国家确定都市区范围所使用的指标主要是通勤联系，但是我国没有相关的统计资料（周一星和史育龙，1995）。2000年，周一星与胡序威、顾朝林等合著《中国沿海城镇密集地区空间集聚与扩散研究》一书，在充分考虑我国国情特点的基础上，对中国的都市区概念进行了界定，即城市实体地域内非农人口超过20万人的地级城市有资格设立都市区，该地级城市为都市区的核心，外围区域包括地区生产总值中超过75%来自非农产业且60%以上的社会劳动力在非农产业就业的县（或县级市）（胡序威等，2000）。洪世键和黄晓芬（2007）认为，都市区是由人口规模较大的城市作为核心，包括周边地区与该城市有紧密经济社会联系且具有一体化倾向的邻接地域构成的功能区域。宁越敏（2011）认为，相比非农化指标，用外围区县的城镇化水平代替外围区县与中心城市的通勤联系来界定都市区的范围更合适。他提出，都市区中心城市的人口规模要超过50万人，外围区县的城镇化率要在60%以上（宁越敏，2011）。易承志（2014）在辨析都市区不同界定方法的基础上，把都市区界定为由中心城市及与该中心城市存在紧密的经济、社会、空间整合联系的邻接地域组合成的区域。

从学者对都市区概念界定的研究可以看出，都市区主要用来描述由一个特定人口规模的城市和其周边的邻接地域组成的区域，且该城市作为核心与其周边的

---

① 如英国的"标准都市劳动市场区"（Standard Metropolitan Labor Area，SMLA）、法国的"集聚区"（Agglomération）、加拿大的"国情调查都市区"（Census Metropolitan Area，CMA）、澳大利亚的"人口普查拓展都市区"（Census Expanded Urban District）等。

邻接地域之间有着高度密切的经济社会联系。这种经济社会联系主要是指上下班通勤联系。都市区是城市发展到高水平阶段的空间组织形式（孙胤社，1992），是一个经济社会发达、一体化程度较高的城市功能区域。因此，笔者认为，都市区形成的首要条件是一个区域内存在一个人口规模较大的可称为都市的中心城市，而该都市居民和就业人口的工作、生活、居住等空间扩展到了周边地区，周边地区与该大都市之间存在较大规模、密切的经济社会联系，这种经济社会联系主要表现为就业人口往返于周边地区与都市之间的上下班通勤联系。当前，大数据技术的发展已经使测度都市与周边地区的上下班通勤联系变得可行。在此认识的基础上，基于我国人口密度大、城市发育程度普遍较低的基本国情，本书把都市区的概念界定为，由以超大城市、特大城市或辐射带动功能强的大城市形成的都市为核心，以及与其存在广泛上下班通勤联系的邻接空间单元组合成的区域。其主要包含四个方面的基本内涵：一是都市区的核心城市是由超大城市、特大城市或辐射带动功能强的大城市，称为都市或大都市，在中国的语境中，都市本身就是大城市，中小城市不可能称为都市，大都市是对都市在称谓上的强化；二是都市区的核心城市即大都市有且只有 1 个，大都市是都市区形成的前提条件；三是大都市周边邻接的空间单元与大都市之间的大规模经济社会联系主要是指上下班通勤；四是都市区的大小取决于作为核心城市的大都市的人口规模，大都市的人口规模越大，上下班通勤的距离一般越远，都市区的空间范围就越大，甚至超出行政区管辖范围。

二、都市圈概念界定及其内涵

最早提出和使用"都市圈"概念的国家是日本。1951 年，日本学者木内信藏研究日本城市后，提出了"三地带学说"，即大城市的圈层由中心地域、周边地域和边缘广阔腹地三部分构成（刘庆林和白洁，2005）。后来，木内信藏关于"都市圈"的思想发展成为"都市圈"理念，且得到了日本政府部门的认可。1954 年，日本行政管理厅将"都市圈"的概念界定为："以人口规模 10 万人以上的中心城市为核心，以一日为周期，可以接受该中心城市某一方面功能服务的区域范围。"可见，日本对都市人口规模界定的下限为 10 万人。20 世纪 60 年代，日本又提出了"大都市圈"的概念，制定了《大都市圈建设基本规划》，界定大都市圈的空间范围为：中心城市为中央指定市，或者人口规模超过 100 万人，且附近存在人口规模 50 万人以上的城市，外围地区到中心城市的通勤人口占本地人口的比重在 15% 以上，大都市圈间的货物运输量不超过总运输量的 25%（韦伟和赵光瑞，2005）。1995 年，日本总务厅国势调查中提出"大都市圈"空间范围的基准定义为：作为核心城市的大都市及其周围的市町村 15 岁以上常住人口中有 1.5% 以上到该大都市通勤（上下班）或通学（上下学），且是与该大都市在地域上相连的市町村（富田和晓和藤井正，2015）。日本大都市圈的概念类似美国都市区但突破了都市区的地域范围，其直径距离可达 200～300 公里，人口规模甚至在 3000 万人以上（谢守红，2004）。可见，日本主要用通勤指标来界定都市圈，其空间范围等同于美国的都市区，但大都市圈则远远超出了都市区的空间范围，不太可能实现大规模频繁的上下班通勤。

20 世纪 80 年代后期，我国地理、规划、经济等领域的学者才开始研究都市圈相关问题。1989 年，中国人民大学周起业、刘再兴、张可云等教授合著《区域经济学》一书，提出大都市圈是指以大城市为依托，包括周围地区的中小城市所形成的联系紧密的经济网络（周起业等，1989）。他们对都市圈界定的地域范围类似于美国的都市区和日本的都市圈。沈立人（1993）认为，以大都市为核心的都市圈，会突破大都市的行政区管辖范围，通过不断强化的经济联系与邻近地区实现有机结合甚至一体化。他界定都市圈的地域范围类似于日本的大都市圈。1996 年，王建提出了在中国规划建设"九大都市圈"的设想（王建，1996）。他认为，以当时的交通技术条件估算，都市圈直径可达 200 公里甚至接近 300 公里，空间范围则在 4 万～6 万平方公里，在这一区域内人们乘汽车可以实现在一天内的面对面交流（王建，1997）。高如嵩和罗明义（1998）认为，都市圈的核心城市经济比较发达，且城市功能较强，都市圈的空间范围覆盖其核心城市对周边邻接地域产生经济辐射作用的最大地域范围，在这一地域范围内，核心城市与周边邻接地区之间存在内在的经济联系，且能够促进这些地区经济发展。2005 年，陈秀山主编《中国区域经济问题研究》一书，对都市圈进行了经济学意义上的定义，即都市圈是由一个都市及其周边的若干腹地城市组成的环状经济区域，该都市作为都市圈的经济中心，具有较高的首位度，且通过中心辐射带动作用与周边城市形成密切的经济关联（陈秀山和孙久文，2005）。他们对都市圈的认识似乎超出了日本大都市圈的地域范围，类似于城市群。2007 年，肖金成、袁朱在《中国经济时报》上发表《中国将形成十大城市群》一文，对城市群和都市圈的概念进行了辨析。他们认为，都市圈属于同一城市场的作用范围，一般是根据一个或两个大都市辐射的半径为边界并以该城市命名；城市是一个区域的中心，通过极化效应集中了大量的产业和人口，获得快速的发展；随着城市规模的扩大、实力的增强，对周边区域产生辐射带动效应，形成一个又一个城市圈或都市圈。每个城市群都有一个或多个都（城）市圈（肖金成和袁朱，2007）。张学良（2018）将都市圈定义为："以某个大城市为中心，以经济、社会联系为纽带，以发达的交通通道为依托，以时间距离为标尺来划分的大城市及其毗邻区域。"他认为，"与城市群相比，都市圈是突破城市行政边界、促进生产要素跨区域优化配置的更小空间尺度"（张学良，2018）。在他这里，都市圈也有大小之分，以此为标准，界定了上海都市圈和上海大都市圈的空间范围，分别类似于日本的都市圈和大都市圈。

《关于培育发展现代化都市圈的指导意见》也对都市圈的概念做了界定："城市群内部以超大特大城市或辐射带动功能强的大城市为中心、以1小时通勤圈为基本范围的城镇化空间形态。"这一概念界定明显存在值得商榷的地方。首先，它把都市圈界定在城市群内部，难道城市群之外就不能形成都市圈？城市群之外的城市发展成为大都市时，也可能形成都市圈。其次，它把都市圈界定为1小时通勤圈，那么，用什么交通工具通勤1个小时？哪里是计算通勤时间的起点？就目前来看，在我国的超大城市或特大城市中，无论是乘公共汽车，还是开小汽车，抑或是乘地铁，上下班通勤1小时在很多情况下是出不了中心城区的，更别说出行政区了。建设都市圈的意义在于增强大都市对周边地区和城市特别是大都市行政区之外地区和城市的辐射带动作用，加快这些地区和城市的经济社会发展，从而促进和引领区域协调发展。如果都市圈的空间范围不能突破作为核心城市的大都市行政区，那么，规划建设都市圈的意义就会大打折扣。同时，我们对概念的学术研究也不能囿于政府部门的认识；反过来，学术研究应该对政府部门的认识和实践起到改进和指导的作用。

都市圈是大都市通过扩散辐射效应与周边地区发生相互作用的产物，都市圈的范围是大都市与周边城市相互联系和合作的区域，大都市与周边城市的关系是产业协作和功能分工的关系，由此形成分工协作圈。在此认识的基础上，本书把都市圈的概念界定为，以超大城市、特大城市或辐射带动功能强的大城市为核心，以核心城市的辐射距离为半径，所形成的功能互补、分工合作、经济联系比较紧密的区域。其主要包含四个方面的基本内涵：一是都市圈的核心城市是超大城市、特大城市或辐射带动功能强的大城市，即大都市，大都市是都市圈形成的前提条件；二是都市圈的辐射核即核心城市在多数情况下只有一个，在极少数情况下出现两个实力相当的大都市共同辐射一个区域，谓之"双核"都市圈，也有一主一次两个辐射核形成的都市圈，都是都市圈的特殊情况；三是都市圈内的经济社会联系主要是产业链条的延伸或市场的吸引，即产业链上下游联系和市场联系；四是都市圈的大小取决于大都市辐射半径的大小，大都市人口规模越大，交通联系越便利，区域一体化水平越高，大都市的辐射半径就越大，都市圈也就越大。

三、城市群概念界定及其内涵

对城市群的研究肇始于法国地理学家琼·戈特曼（Jean Gottmann）。1957年，戈特曼发表 *Megalopolis or the Urbanization of the Northeastern Seaboard* 一文，在描述美国东北海岸城市分布密集区域的使用了希腊词汇"Megalopolis"一词（Gottmann，1957）。"Megalopolis"的原意为"巨大城邦"。之后，戈特曼于1976年发表 *Megalopolitan Systems around the World* 一文，于1987年出版 *Megalopolis Revisited：Twenty–five Years Later* 一书，进一步深入而又系统地研究了美国东北海岸城市分布密集区域，对"Megalopolis"的概念进行了笼统性概括：一是国家的核心区域，承担着国家对外交往的枢纽性作用；二是交通基础设施网络发达、便捷；三是区域一体化水平高，城市分布密集，拥有一个或多个承担核心功能的大都市；四是人口规模庞大，一般在2500万人以上（Gottmann，1976），并把"Megalopolis"的形成和发展划分为城市孤立分散发展、区域城市体系形成、Megalopolis 雏形和 Megalopolis 形成四个阶段（Gottmann，1987）。戈特曼的研究首先引起了欧美学者的关注和研究，并提出了不同的概念来描述欧美其他国家的"Megalopolis"现象，如 Megaurban Region 和 Desakota（T. G. McGee，1989）、Extended Metropolitan Region（N. Ginsburg，1991）、Citistate（Neal Peirce 和 Curtis Johnson，1993）、Mega–City Region（P. Hall，1999）、Megaregions（ARPA，2004）等（张晓明，2006）。

20世纪80年代，我国学者开始关注"Megalopolis"现象和戈特曼的研究。1983年，于洪俊和宁越敏出版《城市地理概论》一书，把"Megalopolis"翻译为"巨大都市带"，首次介绍了戈特曼的思想（于洪俊和宁越敏，1983）。随着经济社会的快速发展，我国城镇化进程快速推进，类似于美国东北海岸的城市分布密集区域开始涌现，引起国内学者对"Megalopolis"现象的研究兴趣，领域不同，认识各异，对"Megalopolis"的译法也存在很大差异，有些学者译为"（大）

都市连绵区"（周一星，1988；诺大建，2003；胡序威，2003），有些学者译为"（大）都市圈"（高汝熹，1990；周起业和刘再兴，1991；复旦大学研究院，1993；罗明义，1998；张京祥，2001；陈美玲，2011），有些学者则译为"城市群"（姚士谋等，2006；吴启焰，1999；肖金成和袁朱等，2009；倪鹏飞，2008；方创琳，2009；肖金成和欧阳慧等，2015；马燕坤，2017）。笔者认为，戈特曼提出的"Megalopolis"概念描述的是美国东北海岸城市分布密集区域，这一区域不仅有多个人口规模巨大的大都市，而且有许许多多与这些大都市经济联系密切的大中小城市和小城镇，翻译为"城市群"更为合适。

对城市群的概念界定在我国学术界存在不同的描述，如姚士谋等（2006）、吴启焰（1999）、肖金成等（2007，2009，2015）、倪鹏飞（2008）、方创琳（2009）等，如表2-1所示。笔者认为，城市群是一个国家或地区内经济社会发

表2-1　学者对城市群概念的不同界定

作者及年份	对城市群的概念界定
姚士谋等（2006）	在特定的地域范围内具有相当数量的不同性质、类型和等级规模的城市，依托一定的自然环境条件，以一个或两个超大或特大城市作为地区经济的核心，借助于现代化的交通工具和综合运输网的通达性，以及高度发达的信息网络，发生与发展着城市个体间的内在联系，共同构成一个相对完整的城市"集合体"
吴启焰（1999）	在特定地域范围内具有相当数量不同性质、类型和等级规模的城市，依托一定的自然环境条件，以一个或两个特大或大城市作为地区经济的核心，借助于综合运输网的通达性，发生于城市个体之间、城市与区域之间的内在联系，共同构成一个相对完整的城市地域组织
肖金成等（2007，2009，2015）	在特定的区域范围内云集相当数量的不同性质、类型和等级规模的城市，以一个或是几个特大城市为中心，依托一定的自然环境和交通条件，城市之间的内在联系不断加强，共同构成了一个相对完整的"城市集合体"
倪鹏飞（2008）	由集中在某一区域、交通通信便利、彼此经济社会联系密切而又相对独立的若干城市或城镇组成的人口与经济集聚区
方创琳（2009）	在特定地域范围内，以1个特大城市为核心，至少以3个都市圈（区）或大中城市为基本构成单元，依托于发达的交通、通信等基础设施网络，形成的空间相对紧凑、经济联系紧密并最终实现一体化甚至同城化的城市群体

资料来源：笔者整理。

展较为发达的区域，交通、通信等基础设施都较为便捷，城市分布密集、发育水平普遍较高，城市间的经济联系紧密。在此认识的基础上，本书把城市群的概念界定为，在特定的区域范围内密集分布着数量可观的城市，城市规模等级体系完善，交通、通信等多种现代化基础设施网络完善发达，以超大城市、特大城市或两个及以上辐射带动功能强的大城市作为核心，城市间功能互补、分工协作、经济社会联系广泛而又密切，从而形成的一体化水平较高的城市集群区域。其主要包括四个方面的基本内涵：一是城市群的核心城市是超大城市、特大城市或辐射带动功能强的大城市，即存在至少一个大都市作为城市群的核心城市；二是城市群的辐射核一般情况下有两个甚至三个及以上，有可能是两个实力相当的辐射核，也有可能是一主一次、一主两次或一主多次，在少数情况下以一个特大城市或超大城市作为辐射核；三是城市群内的经济社会联系也主要是指产业链上下游联系和市场联系；四是城市群包含至少一个都市圈和许多大中小城市和小城镇，其空间范围要比都市圈和都市区大得多。

第三节 都市区、都市圈与城市群的联系与区别

无论是都市区，还是都市圈和城市群，都是经济社会较为发达的地区才有可能出现的经济地理现象。三者之间不仅有内在的联系，而且有外在和内在的区别。

一、都市区、都市圈与城市群三者间的联系

都市区、都市圈和城市群都属于一个国家或地区的较发达区域。无论是都市区、都市圈，还是城市群，都是以大都市为核心城市的，密切的经济社会联系是它们共同的内在本质。大都市是指超大城市、特大城市和辐射带动功能强的大城市。一个区域，只有发展出了大都市，才可能产生大规模的、频繁的、密切的经济社会联系，因为这些经济社会联系大部分都是该大都市与周边地区甚至更远的城市和城镇之间发生的。根据国务院 2014 年确定的新标准，超大城市是指城区

常住人口①在1000万人以上的城市，特大城市是指城区常住人口在500万~1000万人的城市，大城市是指城区常住人口在100万~500万的城市，其中，城区常住人口在300万~500万的城市被称为Ⅰ型大城市，城区常住人口在100万~300万的城市被称为Ⅱ型大城市。超大城市和特大城市属于大都市的范畴自不必说，但辐射带动功能强的大城市需要达到多大的人口规模，也就是说，大城市的人口规模多大才会具有较强的辐射带动功能。基于城市发展水平总体偏低的国情，我国可称为大都市的大城市至少得拥有300万人以上的人口规模，即Ⅰ型大城市。能够出现人口规模300万人以上大城市甚至特大城市、超大城市的区域，必然是一个国家或地区经济社会发展水平较高的区域。

每一个都市圈包含至少一个都市区。随着经济社会发展，大都市吸引产业和人口不断集聚和集中，经济体量和人口规模不断壮大，中心城区的地价、租金、生活等成本随之"水涨船高"，给城市居民带来了巨大的生活压力，交通技术进步、城市公交系统形成和小汽车普及使在中心城区就业的城市居民迁移到周边郊区县居住和生活变得可能。当然，也可能会有不少企业为了降低生产成本，从中心城区优先考虑迁移到周边的郊区县。这样一来，每天都有大量的人口穿梭于中心城区与周边的郊区县之间，甚至突破行政区边界，从而形成中心城区与周边区县之间大规模、频繁、密切的就业人口上下班带来的通勤联系，这时候都市区就形成了。随着高新技术产业和生产性服务业逐渐发展起来，大都市不断推进产业结构转型升级，生产成本压力迫使制造业企业逐步迁离大都市。交通和通信技术进步使制造业企业即使在大都市周边距离较远的地区和城市中生产也能很便捷地获取大都市企业生产的中间投入品和生产性服务，且可以很方便地接入大都市巨大而又旺盛的消费市场，从而形成了大都市与周边地区和城市之间密切的市场联系和产业联系，这时候都市圈就形成了。每一个都市圈以至少1个大都市为核心城市，而每一个大都市都会形成自己的都市区。因此，每一个都市圈由至少一个都市区和其周边的大中小城市和小城镇及农村地区组成。

城市群由都市圈与其周边的都市圈或城市圈实现空间耦合而形成。每一个城市都会对其周边地区产生辐射带动作用。城市规模越大，其辐射力越强，对周边

---

① 城区是指在市辖区和不设区的市，区、市政府驻地的实际建设连接到的居民委员会所辖区域和其他区域。常住人口包括居住在本乡镇街道，且户口在本乡镇街道或户口待定的人；居住在本乡镇街道，且离开户口登记地所在的乡镇街道半年以上的人；户口在本乡镇街道，且外出不满半年或在境外工作学习的人。

地区辐射带动的空间范围一般也越大。一个城市与其辐射带动的周边区域共同构成以该城市为核心的圈域经济，被称为城市圈。随着城市规模的不断壮大，其辐射力会越来越强，则其辐射带动的空间范围也会不断地向外扩展。当某一个城市圈的核心城市发展成为大都市时，称该城市圈为都市圈。在地理、区位、交通等条件较好的地区，会率先出现都市圈，且随着区域经济社会的不断发展和城镇化水平的不断提高，都市圈和周边的城市圈都会逐步向外扩展。当任意一个都市圈的空间范围与周边的城市圈和其他都市圈连在一起时，即实现了空间耦合，城市群就出现了。也就是说，没有形成都市圈，就不可能出现城市群，都市圈是城市群形成的重要前提条件。随着区域经济社会进一步发展，可能会有更多的都市圈和城市圈实现空间耦合，城市群的空间范围随之也扩大了。在城市群内，实现空间耦合的都市圈和城市圈将会对资源、资金、项目、政策、土地、人才、产业等要素展开激烈的竞争，实质是作为核心城市的大都市之间的竞争，可能会出现一个产业层次更高的大都市成为城市群独一无二的核心城市，其他大都市为次核心城市。在这样的城市群中，核心城市不仅为其都市圈内大中小城市和乡村提供生产性服务和工业产品，而且为次核心城市提供生产性服务和工业产品，被称为功能耦合。以长江三角洲城市群为例，上海属于超大城市，是长江三角洲城市群独一无二的核心城市，而南京和杭州都是特大城市，都是长江三角洲城市群的次核心城市，上海的产业层次尤其是生产性服务业的发展层次整体上要比南京和杭州高，上海可以为南京和杭州提供生产性服务和工业产品，上海都市圈与南京都市圈和杭州都市圈之间从空间耦合转向功能耦合。

二、都市区、都市圈与城市群的区别

空间范围不同。都市区是由大都市及与其存在紧密通勤联系的周边地区组成。以目前我国的通勤方式来测算，能够与大都市实现大规模上下班通勤的空间半径最大可延伸到 50 公里左右。以北京为例，北京是人口规模超过 1800 万[①]的超大城市，公交系统和轨道交通发达，每天有大规模的就业人口白天在中心城区工作而晚上到北京市郊区县甚至突破北京市行政区到邻近的河北省三河、大厂、固安、涿州等县（县级市）居住，每天大约有 30 万人上下班通勤于三河市燕郊

---

① 作为城市，北京的人口规模指的是城区常住人口数量，城区不包括农村；北京市是地区概念，包括城市、城镇和农村，北京市常住人口超过 2000 万，包括城镇人口和农村人口。

镇与北京中心城区之间，占全镇常住人口的70%～80%，其中，三河市区、燕郊镇到天安门的最短路程分别是61公里和37公里，固安县城到天安门的最短路程则是59公里。

都市圈由都市区及其周边地区和城市组成。都市圈的空间范围由核心城市的辐射半径决定，而核心城市的辐射半径主要取决于人口规模和与周边地区和城市连接的基础设施条件。人口规模千万以上的超大城市，其辐射半径可达到100公里以上。因此，都市圈的直径距离可达200公里以上。如日本的东京都市圈，由东京都及其邻近的神奈川、千叶、埼玉、群马、栃木、茨城和山梨一都七县组成，土地面积约为3.53万平方公里，东京都2018年人口规模为1300多万人，其辐射半径超过100公里，东京都市圈的直径距离超过200公里。

城市群的空间范围要比都市圈大得多。城市群包括至少一个都市圈，还包括与都市圈实现空间耦合的城市圈。因此，城市群的空间范围可以不受大都市辐射距离的限制，除非受到地理环境的阻隔，否则可以绵延近1000公里。如美国波士华城市群，由以纽约、华盛顿、费城、巴尔的摩、波士顿等大都市为核心的多个都市圈及城市圈空间耦合组成，从东北向西南绵延800多公里，其中，纽约都市圈最大，辐射范围甚至包括费城大都市在内。我国的城市群发展较晚，发展水平较低，发展最为成熟、空间范围最大的长江三角洲城市群也仅绵延500公里左右。

人口规模不同。都市区由一个大都市及其周边地区组成，大都市人口数量是都市区人口规模的主体部分。根据本书对我国大都市的界定，一个大都市拥有至少300万常住人口，与其存在紧密通勤联系的周边地区普遍是人口规模20万人左右的小城市。据此估计，我国都市区人口规模的下限在400万人左右。上海是我国人口规模最大的城市①，2016年人口规模为2419.70万人，周边地区存在多个人口规模50万人左右的中小城市与其存在紧密的通勤联系。据此推算，我国都市区的人口规模不太可能突破3000万人。

除大都市外，都市圈内不乏存在人口规模超过100万人的大城市。据此推算，我国都市圈的人口规模可达到5000万人以上。我国第一大城市上海的辐射

---

① 有人说，重庆市常住人口3000多万，是我国人口规模最大的城市，是混淆了城市与地区的概念。重庆市是直辖市，是一个与我国很多省区地域大小相当的地区概念，不仅包括作为城市的重庆，而且包括重庆市下辖的许多大中小城市、小城镇和大量的农村。城市里不应该有农村，也不应该有农民。因此，作为城市，重庆的人口规模应该是重庆城区的常住人口数量，有1000万人左右。

力最强，辐射半径最大，上海都市圈的空间范围也最大。目前，上海都市圈的空间范围包括上海、苏州、无锡、常州、南通、嘉兴、湖州、宁波、舟山9市组成的区域，2018年常住人口7000多万。其中，上海是超大城市，苏州、无锡、常州、南通和宁波都是大城市。

城市群涵盖的区域范围更大，包括的城市和人口都更多。戈特曼认为，城市群的人口规模在2500万以上。而在我国，城市群的人口规模可达到1亿以上。长江三角洲城市群[①]是我国发育最为成熟的城市群，公认为世界第六大城市群，空间范围包括上海、南京、苏州、无锡、常州、镇江、扬州、泰州、南通、杭州、宁波、嘉兴、湖州、绍兴、舟山、台州共16市，土地面积10.32万平方公里（肖金成和袁朱，2007），2018年常住人口达到1.12亿。其中，上海是超大城市，南京和杭州都是特大城市，苏州、无锡、常州、扬州、南通、宁波、绍兴和台州都是大城市。

空间结构特征不同。都市区处于区域都市化的初级阶段，空间尺度最小，但内部的经济联系最为紧密，其边界较为清晰。都市区以大都市为核心，形成由外围地区构成的一个或多个圈层。都市区都是单核心的圈层结构。都市区的形状受到自然地理条件和交通基础设施建设的限制和影响，不一定是规则的，可能是多边形状、放射状、带状等。都市区由一个大都市和多个小城市和小城镇组成，很少出现中等城市，也没有完整的城市规模等级结构。

都市圈处于区域都市化的中级阶段，空间尺度居中，内部的经济联系介于都市区和城市群之间，其边界较为模糊。都市圈以大都市为核心，形成由大都市周边的大中小城市和小城镇组成的两个或多个圈层。都市区是都市圈的核心区域。与都市区不一样，都市圈可能是单核心的圈层结构，也可能是两个及以上核心的圈层结构。都市圈的圈层形状同样受到自然地理条件和交通基础设施尤其是重大交通基础设施的限制和影响，不一定是规则的圆形，可能是放射状、带状、扇状等。都市圈一般由一个大都市和许多大中小城市和小城镇组成，城市规模等级结构较为合理，城市功能较为完善。

---

① 2016年6月，国务院批复《长江三角洲城市群发展规划》，规划范围包括上海，江苏省的南京、无锡、常州、苏州、南通、盐城、扬州、镇江、泰州，浙江省的杭州、宁波、嘉兴、湖州、绍兴、金华、舟山、台州和安徽省的合肥、芜湖、马鞍山、铜陵、安庆、滁州、池州、宣城26市，土地面积21.17万平方公里。政府部门规划的是未来可能形成的长江三角洲城市群，但目前已经形成的长江三角洲城市群没有那么大。

城市群是区域都市化的高级阶段，空间尺度最大，内部的经济联系主要表现为都市圈内部的经济联系，都市圈（城市圈）间的经济联系一般较少，边界也比较模糊。都市圈是城市群形成的前提条件。城市群可能有两个及以上综合实力相当的核心城市，也可能是以一个大都市为核心城市、其他大都市为次核心城市，还可能是只有一个由特大城市或超大城市形成的核心城市，属于多核心多圈层结构或单核心多圈层结构。城市群的形状主要受到自然地理条件的限制和影响，也极少是规则的形状，可能是放射状、带状、三角状、扇状、环状、"之"字状等形状，如长江三角洲城市群，由上海都市圈、南京都市圈、杭州都市圈等都市圈及周边城市圈组成，甚至包括合肥都市圈，呈"之"字状展开。城市群由一个或多个大都市和许多大中小城市和小城镇组成，城市规模等级结构也比较合理，城市功能也比较完善。城市群内可能存在多个城市规模等级体系。

经济社会特征不同。都市区是高度城镇化的区域。都市区大部分属于城镇景观区域，存在少量的乡村和都市农业地区。相对于其他地区，都市区的城镇化水平要高得多，在70%～90%。在都市区内，依托于高密度的公交、地铁、高速公路等交通基础设施相连接，核心城市即大都市与周边地区之间的经济社会联系紧密，以通勤联系为主，周边地区的居住人口主要来自大都市的就业人口，也有部分经济活动由于集聚不经济从大都市疏散到周边地区。大都市以服务业和高新技术制造业为主，专业化于城市控制、管理、高新技术产品制造和生产性服务功能，而周边地区则以居住、工业、休闲等功能为主（谢守红，2008）。由于空间尺度较小，都市区可以在平原地区广泛出现，有大都市形成，就会围绕大都市形成都市区，只是大小不同而已。

都市圈是一个城镇化水平比较高的区域。因为都市圈拥有较为合理的城市规模等级结构，所以都市圈不仅包括的大中小城市和小城镇较多，而且包括了大量的乡村和农业地区，大都市和大中小城市由大面积农田和许多乡村相隔。都市圈内产业体系比较完善，城市间形成较为合理的产业分工，大都市以生产性服务业和高新技术制造业为主，其他大中小城市和小城镇则以一般技术和传统的工业为主，依托于发达的交通、通信等基础设施，大都市为其他城市提供生产性服务和高新技术制造产品，大都市、大中小城市和小城镇共同为整个都市圈乃至其他地区的居民提供最终消费产品和生活性服务，从而形成紧密的经济社会联系。都市圈实现了资源要素在更大范围内的优化配置，优势互补，资源共享，提高了资源要素的利用率。都市圈内形成产业分工网络，大都市与周边城市和小城镇之间的分工结构以垂直分工为主，而周边城市和小城镇间的分工结构则以水平分工为主。都市圈的分布也比较广泛，但形成都市区的地方，不一定能够形成都市圈。在一些高山峻岭地区，可能会形成大都市和都市区，但受到自然地理条件和交通基础设施的限制，大都市与其他城市囿于高山大川的阻隔，距离较远，经济联系松散，很难形成都市圈。

城市群的城镇化水平也比较高。城市群的景观结构与都市圈相似，只不过城市景观和乡村景观的分布更广泛、更多样。在城市群内，都市圈间或都市圈与城市圈之间因为没有了"空白"地带，即孤立发展的地区，将会对区域内的资源要素展开竞争和合作，其实是大都市和大中小城市依托于各自的都市圈或城市圈进行的竞争和合作，实现了资源要素在极其广阔区域内的优化配置，进一步提高了资源要素的利用效率，使得区域的竞争力更强，影响力更大。一般来说，城市群是一个国家和地区乃至全世界的经济、政治、文化、国际交往、科技创新等活动的枢纽所在地，也是连接全国各地乃至世界各国的节点区域。如美国波士华城市群，由以纽约、华盛顿、费城、巴尔的摩、波士顿等大都市为核心的多个都市圈及周边城市圈实现空间耦合而成，美国30%的工业产值创造于此，数量众多的金融机构和跨国公司总部集聚于此，其中，纽约不仅是美国的经济、文化、科技中心，而且是全世界的金融、政治、文化、科技中心，华盛顿则是美国的政治中心。由于城市群的空间尺度最大，不可能广泛存在，在经济社会发展水平较高的平原和盆地地区才有可能发展形成。

第四节　世界典型都市圈发展

都市圈概念与都市圈理论出现在20世纪50年代，但都市圈出现的历史虽然不能确知，但可以肯定已有数百年。学者发现了都市圈，并对其进行研究和探索，使我们对都市圈有了越来越清晰的认识。理论落后于实践，但一旦形成，又可以指导实践。让我们回到现实中，考察一下美国、日本、英国、法国和我国具有典型意义的都市圈，帮助我们深化对都市圈的认识。

一、纽约都市圈

纽约都市圈位于美国东北沿海地区，以美国人口规模最大的城市纽约为核心，包括纽约市、长岛各县、纽约州的中哈德逊谷和下哈德逊谷、新泽西州的北部地区、康涅狄格州的东南部地区和宾夕法尼亚州东北部地区，2014 年人口规模约 2363.27 万人，是美国最大的都市圈，是美国波士华城市群的重要组成部分，主要城市有纽约（New York）、纽瓦克（Newark）、泽西市（Jersey）、帕特森（Paterson）、伊丽莎白（Elizabeth）、特伦顿（Trenton）、爱迪生（Edison）、布里奇波特（Bridgeport）、纽黑文（New Haven）、斯坦福（Stamford）、沃特伯里（Waterbury）、诺沃克（Norwalk）、丹伯里（Danbury）和阿伦敦（Allentown）。

纽约都市圈形成了明显的城市功能分工格局，即核心城市以服务业尤其是生产性服务业为主，发挥生产性服务功能，外围城市以生产制造业为主，发挥生产制造功能的空间格局。作为核心城市，纽约不仅是美国的经济中心和金融中心，而且是全球两大金融中心之一（另一个是英国伦敦），也是世界政治活动的中心，是联合国总部所在地，商贸和生产性服务业最为发达，制造业份额很小，仅为 5.6%，而周边地区和城市以制造业为主，制造业份额普遍在 15% 左右，甚至达到 20% 以上。

二、东京都市圈

东京都市圈位于日本中部沿海地区，以日本人口规模最大城市东京为核心，主要包括东京都、神奈川县、埼玉县、千叶县、茨城县、群马县、栃木县和山梨县，区域面积约 3.53 万平方公里，2015 年人口规模约 3966 万人，是日本最大的都市圈，也是日本东海道城市群的重要组成部分，主要有东京、川崎、横滨、千叶、埼玉等城市。

东京都市圈主要城市发挥着各自不同且互补联系的功能，体现了市场机制对资源、人才、产业和服务等要素的高效配置，且区域经济协同发展效率得到大大提高。作为日本的首都，东京具有综合性的功能，聚集着国会、中央政府各部门及司法机构，以及数量可观的银行、保险、证券等大型金融机构和大企业总部，日本 91% 的外国法人企业设在这里，第三产业比重高达 73.8%，主导产业为金融、商务、科技、信息、咨询等生产性服务业，是日本最大的政治、经济、文化、金融、管理和工商业中心，被认为是"纽约 + 华盛顿 + 硅谷 + 底特律"型的集多种功能于一身的世界级大城市，人口超过 1000 万，承担着国际金融中心的职能，是全球第三大国际金融中心。从东京、川崎到横滨的环东京湾地区是日本著名的京滨工业带，也是日本最大的工业区，拥有许多大型制造业企业，其中钢铁、化学、电力等工业最为有名。横滨是京滨工业带的核心，工业发达，以钢铁、化工、炼油、造船等工业为主，也是日本重要的港口城市，承担重要的航运物流功能。

日本是最早进行都市圈规划的国家。自 20 世纪 50 年代，日本开始编制都市圈规划，截至 2015 年已经编制过五次都市圈规划。东京都市圈五次规划的空间范围和人口规模都在扩大，规划思路也在随着规划背景的变化而变化，如表 2 - 2 所示。

表 2 - 2　日本东京都市圈五次规划的主要内容

规划次数	规划期限	规划范围	规划人口（万人）	规划背景	规划思路
第一次	1958 ~ 1975 年	以东京为中心、半径为 100 公里的地区	2660	控制东京都的无序扩张与人口、产业的快速聚集，解决都市圈人口过密、农村边远地区人口过疏的问题	在东京中心区外设置 5 ~ 10 公里绿化环带，阻止城市建设继续向外扩展；在绿环外围建设工业城市（卫星城），以保障中心区的环境质量
第二次	1968 ~ 1975 年	包括东京都及其邻近的神奈川、千叶、埼玉、群马、栃木、茨城和山梨一都七县全部区域	3310	第一次规划人口控制规模被提前突破，通过绿环来阻止中心区向外扩散的设想未实现，城市建设用地继续快速向外蔓延	将东京作为经济高速增长的全国管理中枢，并实施以实现合理中枢功能为目的的城市改造
第三次	1976 ~ 1985 年	一都七县全部区域	3800	人口与中枢管理职能向首都圈过度集中，形成"一极集中"的单极国土结构，影响国家均衡健康发展	选择性分散东京的高级中枢管理功能，提出建设"区域多中心城市复合体"，形成多极多圈型结构

续表

规划次数	规划期限	规划范围	规划人口（万人）	规划背景	规划思路
第四次	1986～1999 年	一都七县全部区域	4090	面对经济全球化挑战，必须进一步强化中心区的国际金融职能和高层次中枢管理职能	基本延续第三次规划思路，进一步强化都市圈中心区的国际金融和高层次管理职能；正式提出发展副都心，承担中心区部分产业和政务功能
第五次	1999～2015 年	一都七县全部区域及周边地区	4180	将都市圈建设成为更具经济活力，充满个性与环境共生、具备安全舒适高品质生活环境的可持续发展区域	在第三、第四次规划基础上，再次强调建立多中心城市提出"分散型网络结构"的空间模式

资料来源：董晓峰、成刚：《国外典型大都市圈规划研究》，《现代城市研究》2006 年第 8 期，有改动。

三、伦敦都市圈

伦敦都市圈位于英国东南部，以英国人口规模最大城市伦敦为核心，包括大伦敦（Greater London）、英格兰东南（South East）、东英格兰（Eastern）、中英格兰东（East Midlands）、中英格兰西（West Midlands）和英格兰西南（South West）的全部或部分地区，是英国英格兰城市群的重要组成部分，主要有伦敦（London）、伯明翰（Birmingham）、雷丁（Reading）、牛津（Oxford）、剑桥（Cambridge）等城市。

作为英国首都，伦敦不仅是欧洲最大的经济中心，而且是世界上最重要的经济中心之一，一直稳居欧洲最大的金融中心地位，同时和纽约一直是世界上最重要的两大金融中心。2014 年，伦敦人口规模 1000 万人左右，接近英国城市总人口的 1/5。伦敦的产业结构以生产性服务业为主，金融业是支柱产业，在"一平方公里"（Square Mile）伦敦城（City of London）集中分布着许多银行、保险、证券等金融机构，100 多个欧洲五百强企业和超过 1/2 的英国百强公司在此设有总部，伦敦证券交易所是世界上最重要的证券交易所之一，伦敦股票交易所是全球四大股票交易所之一，伦敦城是全球最大的国际保险中心，也是全球最大的国际外汇市场，大约31%的全球货币业务在此交易。伯明翰是纺织机械生产制造重镇，是现代冶金和机器制造工业的创始地，工业革命之父詹姆斯·瓦特在此发明双向气缸蒸汽机。牛津和剑桥分别以牛津大学和剑桥大学而世界闻名。

四、巴黎都市圈

巴黎都市圈位于法国西北部，以法国人口规模最大城市巴黎为核心，包括巴黎大区、中央大区、诺曼底大区、皮卡第大区、香槟—阿登大区、勃艮第大区和北部—加莱海峡大区的全部或部分地区，是欧洲西北部城市群的重要组成部分，主要有巴黎（Paris）、凡尔赛（Versailles）、奥尔良（Orléans）、鲁昂（Rouen）、迪耶普（Dieppe）、勒阿弗尔（Le Havre）、敦刻尔克（Dunkerque）、加来（Calais）、阿棉（Amiens）、兰斯（Reims）、香槟沙隆（Chalons – en – Champagne）等城市。

作为法国首都，巴黎是法国的政治、经济、金融、文化和商业中心，人口规模超过1000万人，是欧洲的公路、铁路交通中心和全球航运中心之一。巴黎在金融、时尚、传媒、科技等领域对世界具有影响力，拥有法兰西银行、证券交易所等大银行、大交易所、大公司的总部机构，联合国教科文组织（UNESCO）、经济合作与发展组织（OECD）、国际商会（ICC）、巴黎俱乐部（Paris Club）等国际性组织的总部均坐落于此。巴黎的汽车、电器、飞机、化工、医药等制造业也很发达，都分布在郊区。其他城市多为工业城市。其中，鲁昂以石油化工、精细化工、天然气化工、制药、食品等工业为主；勒阿弗尔是法国第二大港，也是巴黎的外港，工业主要包括造船、机械、石油化工、电工器材、木材加工等；兰斯是香槟之城，知名的香槟酒厂数量众多；敦刻尔克是法国第三大港，法国最大的现代化钢铁联合企业位于此，还有炼油、化工和农产品加工等其他工业；加来是刺绣之城，以生产花边、薄纱、刺绣等传统制造业最为有名。

五、上海都市圈

上海都市圈位于我国东部沿海长江三角洲地区，以我国人口规模最大城市上海为核心，包括上海市、苏州市、无锡市、常州市、南通市、嘉兴市、湖州市、宁波市和舟山市，区域面积约5.19万平方公里，是长江三角洲城市群的重要组成部分，主要有上海、苏州、无锡、常州、南通、嘉兴、湖州、宁波、舟山等城市。2018 年，上海都市圈常住人口 7068.49 万人，地区生产总值约 9.77 万亿元，人均地区生产总值高达 13.83 万元，是全国平均水平的两倍多。

作为我国直辖市之一，上海地处长江入海口，是国家历史文化名城、首批沿海开放城市、国家中心城市、超大城市和长江经济带的龙头城市，也是我国重要的经济、交通、科技、工业、金融、会展和航运中心，金融、商务、科技、信息、物流等生产性服务业发达，节能环保、新一代信息技术、生物、高端装备、新能源、新能源汽车、新材料等战略性新兴制造业发展势头强劲，在全国名列前茅。上海港货物吞吐量和集装箱吞吐量均位居世界第一，是一个良好的滨江滨海国际性港口。上海也是中国大陆首个"中国自由贸易试验区"的所在地。

目前，上海与周边城市之间发展形成了明显的城市功能分工格局。苏南地区和浙北地区接受上海的经济辐射，形成了经济发达的沿江工业带和沿海工业带，与上海的经济联系紧密。以汽车产业为例，上海专业化于汽车产业的汽车研发、整车制造和汽车营销等资本和技术密集型环节，拥有上海泛亚汽车技术中心、上海汽车集团股份有限公司汽车工程研究院等国内领先的大型汽车科研机构、亚洲领先的试车场、世界先进的风洞试验室等各类汽车技术开发机构共计 34 家，占长江三角洲地区的 60% 以上；苏南地区和浙北地区则专业化于汽车产业的零部件生产等劳动密集型环节，其中，坐落于苏州相城经济开发区渭塘产业园的中国汽车零部件（苏州）产业基地，聚集了江苏万达、苏州万隆汽车饰件、苏州吴越塑材、苏州汇众模塑等一批以汽车模塑、汽车内饰件为主的配套零部件企业，同时还有一批如苏州上声电子等知名的汽车电子企业，已形成了初具规模的特色产业链；宁波形成了多个汽车传统优势产业集聚区和重点发展的战略性产业集聚区，传统产业集聚区以北仑区的乘用车及配套动力总成生产基地、鄞州区的先进汽车零部件生产基地、象山县的汽车内外饰生产基地、宁海县的汽车橡胶件生产基地以及江北区的汽车基础金属件生产基地最具特色，战略性产业集聚区以杭州湾新区的国际汽车零部件产业园、滨海工业区的吉利春晓汽车及生态工业园以及鄞州区的南车新能源产业基地为代表。上海整车的诸多零部件有 90% 来自江苏和浙江两省的企业。

第五节 本章结论

我国城镇化进程开始转向都市化阶段，大都市开始大量涌现，大都市也开始由对要素和产业的向心集聚转向向外扩散。在大都市的辐射带动作用下，都市区、都市圈和城市群都陆续出现。无论是都市区，还是都市圈和城市群，都是经济社会较为发达的地区，才有可能出现的经济地理现象，都要依托于发达的交通、通信等现代化基础设施网络。三者之间既有内在的联系，也有内在和外在的区别。都市区、都市圈和城市群是区域都市化的不同发展阶段，涉及的地域空间逐步扩展。大都市是都市区、都市圈和城市群形成的基础条件，而都市区是都市圈的基本构成单元和核心区域，都市圈又是城市群的基本构成单元和城市群形成的前提条件。城市群由都市圈与周边的都市圈或城市圈实现空间耦合而形成。从内部的经济社会联系来看，都市区是紧密的通勤联系，而都市圈和城市群则是较为紧密的市场联系和产业联系，相对来说，都市圈的市场联系和产业联系要比城市群更为紧密。本章节首先通过文献综述的形式对都市区、都市圈和城市群三个概念及其内涵进行了科学合理的界定，其次分析了它们之间的联系和区别，最后以纽约都市圈、东京都市圈、伦敦都市圈、巴黎都市圈和上海都市圈为例考察了世界典型都市圈的发展态势。

第三章　都市圈形成和产业
分工深化的微观机理

第一节　引　言

　　都市圈形成和发展于大都市对周边的地区和城市经济社会发展的辐射带动作用。每一个城市都会因为对农产品的消费需求产生对周边地区发展的辐射带动作用。大都市的辐射力更强、辐射距离更远，必然会对周边地区的农产品甚至是周边城市的工业品产生消费需求，但只是大都市辐射带动周边地区和城市发展的次要方面，大都市向周边地区和城市的产业转移及由此形成的产业关联是大都市作为核心城市催动都市圈形成和发展的最重要动力来源。

　　在都市圈内，大都市作为核心城市辐射带动外围城市发展大致可分为三个阶段：一是都市圈形成阶段。随着大都市发展壮大，各类要素价格上涨不断抬高企业的生产成本，为了降低生产成本，越来越多的附加值较低的制造业企业迁离大都市，向周边城市转移，从而促进了周边城市经济加快发展，以大都市为核心的都市圈开始形成。这时候，都市圈逐渐形成了核心城市专业化于较高附加值制造业与外围城市专业化于较低附加值制造业之间的工业水平分工。二是都市圈成长阶段。随着核心城市各类要素价格的进一步上涨，那些需要中间制造品投入的较高附加值制造业企业也开始向外围城市迁移，都市圈产业分工开始深化，核心城市专业化于中间制造品生产与外围城市专业化于最终产品生产之间的工业产业链垂直分工逐渐成为都市圈产业分工的主要形式。三是都市圈成熟阶段。随着各类要素价格持续上涨，核心城市产业发展开始服务化转型，作为制造业中间投入的服务业在核心城市逐渐发展壮大，那些需要中间服务品投入的制造业企业也开始向外围城市迁移，都市圈产业分工进一步深化，核心城市专业化于中间服务品生产与外围城市专业化于制造业之间的全产业链垂直分工逐渐成为都市圈产业分工的主要形式。

在都市圈形成和发展的过程中，交通基础设施不断改善带来的运输成本逐步降低发挥着重要作用。在都市圈发展成熟的过程中，通信技术进步及应用带来的通信成本降低起着决定性作用。服务业不同于制造业，中间服务的远距离供给比较困难，人工往来成本很高，通信联系极容易造成信息失真。通信技术进步及应用大幅度改进了远距离通信的效率。那么，都市圈形成的微观机理是什么？也就是说，作为核心城市的大都市，与周边地区和城市之间的经济联系是如何产生的？交通和通信技术进步及应用在都市圈形成和发展过程中又扮演了怎样的角色？新经济地理学理论为我们解答这些问题提供了强有力的理论支撑。但是，在新经济地理学理论的市场中，微观主体企业是天然存在的。在运用新经济地理学理论演绎都市圈形成的微观机理之前，首先从市场中的消费者—生产者个体出发，运用新兴古典经济学理论的分工思想来演绎城市和企业都是如何出现的。

第二节　基于新兴古典经济学理论的城市和企业形成机理

当今的世界，城市的存在和发展已经是一个全球性现象。据联合国人口基金会测算，2008 年是人类社会发展进程中一个看不见但具有里程碑意义的年份：历史上第一次超过半数的全球人口居住在城市。历史证明，城市大幅度提升了贸易、产业和管理的效率，使他们达到了人口分散时不可能实现的水平（藤田昌久和蒂斯，2016）。城市对当今人类社会发展的重要性，早已引起学者对城市研究的极大兴趣。但是，他们都假定城市原本就存在，极少有学者真正去探究过城市是如何在人类社会发展中首次出现的。20 世纪 90 年代发展起来的以克鲁格曼为代表的新经济地理学理论首次从规模收益递增和产业前后向联系的集聚经济角度把城市的形成和发展研究拉进了主流经济学的一般均衡分析框架。克鲁格曼等学者对城市形成和发展机理的研究是以企业这个微观主体为基础的，但企业也不是天生存在的。如果没有企业，城市会不会出现呢？关于这一问题，杨小凯创立的新兴古典经济学理论为我们提供了全新的视角，并给出了更具说服力的答案。根据新兴古典经济学理论，没有企业，也可以出现城市。新兴古典经济学理论不但对城市形成有很强的解释力，对企业产生也有很强的解释力。本章运用新兴古典经济学理论来演绎城市和企业的形成。

一、理论假设

新兴古典经济学理论认为，在经济系统中，任意一个人，不只是消费者，也是生产者，即任意一个人都是消费者和生产者的统一体。社会空间中分布着众多的消费者—生产者，每一个消费者—生产者的消费具有多样化偏好，所消费的每一种产品既可以通过自己生产得到满足，也可以拿自己生产的产品向其他消费者—生产者交换自己所需的消费品得到满足。每一个消费者—生产者生产每一种产品都要事先学习生产这种产品所需的技能，而向其他消费者—生产者交换自己所需的消费品则会产生交易费用。任意一个消费者—生产者所需的某一种消费品是由自己生产还是向其他消费者—生产者交换得来，取决于该消费者—生产者在学习生产该种产品所需技能的成本和生产该种产品所支出的生产成本之和与向其他消费者—生产者交换该种产品所需自产产品的生产成本和产生的交易费用之和之间相权衡的结果。如果前者高，该消费者—生产者就选择向其他消费者—生产者交换得来该种产品，否则，就会选择学习技能由自己生产。在这里，交易费用包括要完成一次交易所需的所有费用。

二、城市从劳动分工中出现

在人类社会发展的早期阶段，由于语言、距离、规则、技术等方面的障碍，交易效率很低，交易费用很高，每一个消费者—生产者都处于自给自足的状态，即每一个人所需的所有消费品都由自己生产，所有人的生产消费结构相同，经济结构的多样化程度很低。随着人类社会的发展，文明程度不断提高，技术、制度、交通等基础条件得到改善，即交易条件得到改善，交易效率得以提高，人们开始逐步选择自己生产一部分消费品，然后交换使用其他人生产的消费品剩余，从而满足多样化的消费偏好，专业化分工经济开始出现，并不断演进和深化。在一个静态模型中，当交易条件外生得到改进时，经济系统就会从自给自足的状态向完全分工的状态演进；但是，在一个动态均衡模型中，交易条件并不需要外生地得到改善，分工的演进也会自发地发生（杨小凯和张永生，2003），因为这时的交易条件改善已经内生于动态的经济社会发展中。假如经济系统中有4个消费者—生产者，每个人必须消费3种产品，但可以选择生产1种、2种或3种产品（见图3－1）。根据分工的程度，将经济状态分为自给自足、局部分工和完全分工三种类型，分别用 a、b、c 来表示。在 a 状态中，每个消费者—生产者自给自足3种消费品，互不往来，没有分工，不存在专业化经济，也没有城市。在 b 状态中，随着交易条件的改善，交易效率得以提高，局部分工开始出现，每一个消费者—生产者生产的产品种类数减至2种，第3种产品通过与其他消费者—生产者交换得来，产品的生产开始向专业化的方向演进，仍然没有城市出现。用于交换的产品不仅要满足生产该种产品的消费者—生产者的消费需求，而且要满足与之相交换的消费者—生产者的消费需求，因此该消费者—生产者对该种产品的生产量要比自给自足状态多1倍，通过熟能生巧、边干边学的作用，生产力得以大幅度提高（杨小凯和张永生，2003）。在 c 状态中，进一步外生改善交易条件，交易效率进一步提高，每一个消费者—生产者所生产的消费品种类数减至1种，其他两种消费品都从其他消费者—生产者交换得来，每一个消费者—生产者专业化于生产一种消费品，生产力进一步提升，经济系统进入完全分工状态。

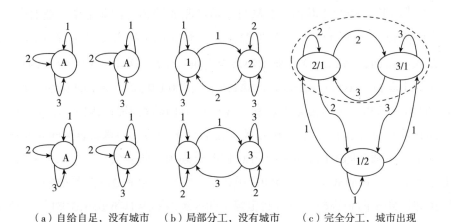

（a）自给自足，没有城市　（b）局部分工，没有城市　（c）完全分工，城市出现

图3－1　城市从劳动分工演进中出现

注：箭头表示产品消费和交换的方向。

资料来源：杨小凯、张永生：《新兴古典经济学与超边际分析》，北京：社会科学文献出版社2003年版。

假定消费品 1 是农产品（食物），消费品 2 和消费品 3 都是工业品（农具、衣服等）。工业品的生产仅需要很少的土地，生产这两种工业品的消费者—生产者既可以选择分散居住在一个广大的地区，也可以选择集中于一个很小的地区；而农产品的生产属于土地密集型，农民必须分散居住在很广大的地区。两种工业品的消费者—生产者也需要相互交换其他人的工业品，他们会选择集中在一个很小的地区进行生产、交易和消费，集中有利于降低交易费用（杨小凯和张永生，2003），而这个很小的区域就是城市的萌生形态［见图 3 - 1（c）状态中虚线椭圆圈住的区域］。至此，第一次出现了城乡分离，也出现了城乡间工业品生产与农产品生产之间的工农业分工。

新兴古典经济学理论的城市出现于交易效率改进条件下的劳动分工深化，但仅是农产品与工业品之间的劳动分工不会产生城市，只有形成至少两种工业品之间的劳动分工，才会出现城市。只有一种工业品的话，即使存在这种工业品的多个专业化生产者，集聚也不会发生，因为他们之间不会发生交易，集聚并不会降低交易费用，甚至可能增加他们与农产品生产者之间的交易费用。在社会中消费者—生产者和工业品种类足够多的情况下，劳动分工深化不仅会产生城市，而且会促进由很多不同规模城市组成的城市分层结构的形成，与邻国的贸易在最高层的大城市进行，与邻省的贸易在中间层的中等城市进行，本地内部的交易则在附近的小城市或小城镇进行（杨小凯和张永生，2003）。

三、企业产生于低交易效率产品的间接定价

在新古典经济学里，认为企业是先天形成的，被作为一个生产技术条件参与到生产当中，企业为什么会出现的问题没有引起过多关注，也没有形成相关的经典理论。科斯认为交易费用是企业出现的原因，首次打开了企业这个新古典经济学的"黑箱"（Coase，1937）。他认为，企业与市场一样，都是组织劳动分工的方式，企业的交易费用比市场低，企业就出现了。但张五常认为，企业虽然消除了部分的产品（中间投入品）市场，但却催生了另一种市场，即劳动力市场，企业是用劳动力市场代替中间投入品市场的产物（Steven Cheung，1983）。20 世纪 90 年代末，华人经济学家杨小凯创立的新兴古典经济学理论，利用数学模型精细化了科斯和张五常的观点，并形成了间接定价企业理论。该理论为我们理解企业为什么会出现的问题提供了极具说服力的思想和方法。

随着人类经济社会的发展，交易效率不断提高，劳动分工得以深化，但是仍

然存在一些劳动产品很难通过直接的市场交易参与到劳动分工中来，因为这些劳动产品的交易效率太低。新兴古典经济学理论认为，劳动力的交易只是组织劳动分工的一种形式，是交易劳动产品还是交易劳动力，取决于两种交易的相对效率。如果劳动力的交易效率比劳动产品高，那么，劳动力市场就会产生，企业随之产生。接下来，我们运用杨小凯（2003）的方法来说明企业是如何产生的。

假定一个社会中，所有的人在决策前都是相同的，每一个人都能从事两种经济活动：一种是直接生产衣服，另一种是管理衣服的生产。这样的话，生产衣服的过程就可能存在两种组织结构：一种是自给自足，另一种则是进行劳动分工，即一部分人专业于直接生产衣服，而另一部分人则专业于管理衣服生产的过程。第二种组织结构因为存在专业化经济，所以衣服的生产效率要比第一种高得多，但会产生交易费用。在交易效率很低的情况下，劳动分工产生的交易费用大于其带来的专业化经济效益，自给自足应该是每个人的最优选择。随着经济社会的发展，交易效率会不断提高，劳动分工带来的专业化经济效益就有可能大于其产生的交易费用，人们就会选择分工的方式来组织衣服的生产。

当人们选择分工的方式来组织衣服的生产时，社会中就会存在4种交易品来协调这种分工，分别是：①衣服 x；②生产专家的劳动力 Lx；③管理技能 y；④管理专家的劳动力 Ly。两两组合，共包括6种交易结构，其中有3种明显无效率，无须考虑，我们仅分析其他3种交易结构（见图3–2）。

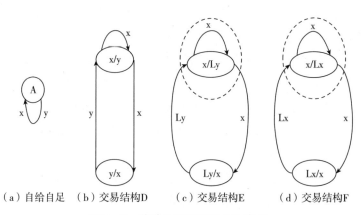

（a）自给自足　（b）交易结构D　（c）交易结构E　（d）交易结构F

图3–2　劳动分工的交易结构类型

注：x/y 表示该消费者—生产者生产的产品 x 不仅满足自己的消费，而且用多余的产品 x 向其他消费者—生产者交换产品 y。

资料来源：杨小凯、张永生：《新兴古典经济学与超边际分析》，北京：社会科学文献出版社2003年版。

交易结构 D：交易的对象为衣服 x 和管理技能 y，其中，管理专家（y/x）卖出管理技能 y，买进衣服 x；生产专家（x/y）卖出衣服 x，买进管理技能 y，所有交易都通过产品市场进行组织，不存在劳动力的买卖，没有企业产生。

交易结构 E：交易的对象为衣服 x 和管理专家的劳动力 Ly，其中，生产专家卖出衣服 x 给管理专家，而买进管理专家的劳动力 Ly，即雇用管理专家，然后使用管理专家的劳动力为衣服生产提供管理服务；管理专家则卖出劳动力 Ly，即成为生产专家的雇员，而买进衣服专家的衣服 x。

交易结构 F：交易的对象为衣服 x 和生产专家的劳动力 Lx，其中，管理专家买进生产专家的劳动力 Lx，即雇用生产专家，使用自己的管理技能 y 和生产专家的劳动力 Lx 生产衣服 x，然后卖出衣服 x 给生产专家；生产专家则卖出劳动力 Lx，买进衣服 x。

企业是一种商业组织形式，其组成必须满足以下三个条件：一是不对称的剩余控制权，即雇主与雇员之间存在不对称的剩余控制权，雇主拥有对企业雇员劳动的控制权；二是收益的剩余权，即雇主拥有企业收益剩余的所有权，雇员只能获得明确规定的收益；三是雇主利用雇员的劳动产品是为了出售和获利（杨小凯和张永生，2003）。在图 3 - 2 中，交易结构 E 和交易结构 F 都包含劳动力的买卖，用劳动力市场代替了中间投入品市场，因此也就形成了企业（图 3 - 2 中虚线椭圆内的部分）。其中，交易结构 E 中生产专家是雇主，雇用管理专家为工人；而交易结构 F 中管理专家是雇主，雇用生产专家为工人。究竟是谁来当雇主，仍然取决于两种劳动力的相对交易效率。一般来说，生产专家的劳动是一种体力劳动，其劳动产品衣服的数量、质量都比较容易测度，衣服的交易效率比较高，因此，生产专家的劳动力交易效率也比较高；而管理专家的劳动是一种脑力劳动，其提供的管理服务质量和数量很难测度，因此，管理专家的劳动力交易效率就比较低（杨小凯和张永生，2003）。可见，管理专家作为雇主雇用生产专家为工人组成的企业更贴近现实。

新兴古典经济学理论的间接定价企业理论告诉我们：企业是组织劳动分工的方式之一，交易效率的提高、交易费用的降低，只是企业出现的必要条件，对中间投入品的间接定价才是企业出现的充分条件。当交易效率极低时，人们都会选择自给自足；而当交易效率足够高时，人们可能会选择劳动分工进行生产活动。当劳动力的交易效率高于中间投入品市场时，通过劳动力市场和企业来组织劳动分工就可以把交易效率很低的经济活动卷入劳动分工中来，从而避免对这种经济活动的投入和产出进行直接定价，其实是一种间接定价方式，而企业的剩余收益就是这些经济活动的间接价格。

第三节　基于新经济地理学理论的都市圈形成机理

根据新经济地理学理论，企业间生产区位的邻近能够让企业获得外部收益，被称为集聚经济。这种集聚经济效应会诱使企业把生产区位布局在一起。但空间集聚也会带来拥挤成本。因为地区间存在贸易成本，所以企业集聚在一起的愿望能否实现取决于贸易成本的大小。当贸易成本下降到一定程度的时候，区域经济发展会出现"中心—外围"空间结构。随着经济社会发展，外围地区的市场潜力会不断提高。当外围地区某个区位或某些区位的市场潜力足够大时，中心地区的产业就会向外围地区扩散和转移，形成新的集聚区位。这时候，都市圈就开始形成了，中心地区是都市圈的核心城市，外围地区新的集聚区位逐渐成长为都市圈的外围城市。

一、贸易成本、集聚经济与区域"中心—外围"结构

新经济地理学理论认为，区域经济活动的空间分布取决于贸易成本的大小。这里的贸易成本包括两个方面：一是产品从一个地区运输到另一个地区的交通成本，是一种有形的贸易成本；二是两个地区之间人为设置的贸易壁垒，如国家间的关税、技术、环境和制度以及地方保护政策等，是一种无形的贸易成本。当贸易成本很高时，区域经济活动在两个地区的分布趋向于均等化；当贸易成本降低时，由于集聚经济效应的存在，区域经济活动趋向于向集聚经济效益大的地区集中，产生起到循环累积因果作用的本地市场效应和价格指数效应，进一步增强该地区对经济活动的吸引力，从而形成区域"中心—外围"结构。但是，区域经济活动向一个地区的集聚也会产生市场拥挤效应，形成阻碍经济活动进一步集聚的力量（Behrens 等，2007）。此外，由于农产品生产的分散性，也会形成阻碍经济活动集聚的另一股力量（Behrens 等，2007）。本地市场效应和价格指数效应共同产生区域经济活动的集聚力，而市场拥挤效应和农产品生产的分散性则一起产生区域经济活动的分散力，两股力量的折中就决定了区域"中心—外围"空间

结构的均衡状态。接下来，以制造业就业人口能够跨地区流动为前提假设条件，以迪克斯特—斯蒂格利茨的规模收益递增模型（Dixit – Stiglitz Model，D – S）为基础，借鉴藤田昌久等（2011）的基本思路，通过动态演化和数值模拟考察在贸易成本降低的条件下，区域经济发展的"中心—外围"空间结构是如何演化形成的。

1. 模型框架

假设一个经济体包括区域 1 和区域 2 两个区域，每个区域都包括两个产业部门：一个是完全竞争、规模收益不变的农业部门（传统产业部门），生产农产品；另一个是垄断竞争、规模收益递增的制造业部门（现代产业部门），生产制造品。每个区域都有一个城市（城市 1 和城市 2），城市周边是农业地区，制造业企业和工人集聚在城市中，而农民均匀分布在农业地区。

经济体中的消费者包括工人和农民，所有人的消费偏好是完全相同的，每个人都同时需要农产品和制造品，其效用函数采用柯布—道格拉斯（Cobb – Douglas，C – D）函数形式表示为：

$$U = M^\alpha A^{1-\alpha}, \ 0 < \alpha < 1 \tag{3-1}$$

其中，U 表示总效用；M 表示制造品的消费量；A 表示农产品的消费量；α 和 $1 - \alpha$ 分别表示制造和农产品的支出份额，α 是一个常数。制造品 M 是 n 种制造品的加权消费量，每个人对制造品的消费具有多样化偏好，任意两种制造品的替代弹性都一样，其函数形式表示为：

$$M = \left[\int_0^n m(i)^\rho \mathrm{d}i \right]^{\frac{1}{\rho}}, 0 < \rho < 1 \tag{3-2}$$

其中，$m(i)$ 表示制造品种类 i 的消费量，且 $i \in [0, n]$。根据 Spence （1976）和 Dixit 和 Stiglitz（1977），参数 ρ 表示每个人对多样化消费制造品的偏好强度。当 ρ 接近于 1 时，任意两种制造品之间近似于完全替代，每个人多样化消费制造品的欲望非常低；当 ρ 接近于 0 时，每个人多样化消费制造品的欲望非常高。设定 $\sigma = 1/(1 - \rho)$，则 σ 表示任意两种制造品的替代弹性。

假定经济体中的某一个区位 s 上，消费者的收入为 Y_s，全部用于购买制造品和农产品，制造品种类 i 和农产品的价格分别为 $p_s^M(i)$ 和 p_s^A，则区位 s 上消费者的预算约束为：

$$p_s^A A_s + \int_0^n p_s^M(i) m_s(i) \mathrm{d}i = Y_s \tag{3-3}$$

经过支出最小化问题和效用最大化问题的两步求解，得到区位 s 上消费者的农产品和第 i 种制造品的需求函数分别为：

$$A_s = \frac{(1-\alpha)Y_s}{p_s^A} \tag{3-4}$$

$$m_s(i) = \alpha Y_s p_s^M(i)^{-\sigma} P_s^{\sigma-1}, \ i \in [0, n] \tag{3-5}$$

其中，P_s 表示区位 s 上制造品的价格指数，即区位 s 上 n 种制造品的综合价格水平，则有：

$$P_s = \left[\int_0^n p_s^M(i)^{1-\sigma} \mathrm{d}i \right]^{\frac{1}{(1-\sigma)}} \tag{3-6}$$

从方程（3-6）可以知道，区位 s 的制造品种类越多，该区位制造品的综合价格水平越低。

由此，区位 s 消费者的间接效用函数为：

$$U_s = \alpha^\alpha (1-\alpha)^{1-\alpha} Y_s (p_s^A)^{-(1-\alpha)} P_s^{-\alpha} \tag{3-7}$$

其中，$(p_s^A)^{-(1-\alpha)} P_s^{-\alpha}$ 为区位 s 的生活费用指数。从方程（3-7）可以知道，区位 s 上消费者的效用与制造品的综合价格水平成反比例关系，从而区位 s 上可供消费的制造品种类越多，则该区位上消费者的效用就越高。

假定城市区位 r 上的农产品和制造品种类 i 的价格分别为 p^A 和 $p_r^M(i)$，农产品不存在贸易成本，即农产品在经济体中任一区位的价格都是一样的，而制造品在本区域销售不存在贸易成本，即制造品在本区域内销售的价格都是一样的，但跨区域销售则存在贸易成本，这也意味着制造品在本区域的价格指数都是相等的。贸易成本遵循萨缪尔森的"冰山运输"成本形式，则任一区位 s 上农产品和第 i 种制造品的价格分别为：

$$p_s^A = p^A \tag{3-8}$$

$$p_s^M(i) = p_r^M(i) T_{rs}, \ r = 1, 2 \tag{3-9}$$

其中，T_{rs} 表示贸易成本，即把 1 单位制造品从区域 r 运输到区位 s，只有 $1/T_{rs}$ 单位的制造品能够到达目的地。这里的贸易成本不仅包括有形的运输成本，而且包括地方保护等造成的无形成本。经济体中只有两个生产制造品的城市，则可以把方程（3-6）改写为：

$$P_s = \left[\int_0^{n_1+n_2} [p_r^M(i) T_{rs}]^{1-\sigma} \mathrm{d}i \right]^{\frac{1}{(1-\sigma)}}, \ r = 1, 2 \tag{3-10}$$

其中，n_1 和 n_2 分别表示城市 1 和城市 2 的制造品种类数量，则有 $n_1 + n_2 = n$。

根据方程（3-5）和方程（3-9），区位 s 对城市区位 r 生产的第 i 种制造品的消费需求量为：

$$\alpha Y_s p_s^M(i)^{-\sigma} P_s^{\sigma-1} = \alpha Y_s \left[p_r^M(i) T_{rs} \right]^{-\sigma} P_s^{\sigma-1}, \quad r=1, 2 \tag{3-11}$$

贸易成本的存在意味着必须在城市区位 r 装运 T_{rs} 倍于区位 s 消费量的第 i 种制造品数量，才能满足区位 s 上的消费者对第 i 种制造品的需求，于是城市区位 r 上第 i 种制造品的销售总量为：

$$q_r^M(i) = \alpha \sum_{s=1}^{2} Y_s \left[p_r^M(i) T_{rs} \right]^{-\sigma} P_s^{\sigma-1} T_{rs}, \quad r=1, 2 \tag{3-12}$$

从方程（3-12）可以看出，城市区位 r 上第 i 种制造品的销售量与各区域的收入和价格指数、出厂价格以及贸易成本有关。

假定经济体的人口总量为 L，其中工人的数量为 $L^M = \beta L$，农民的数量为 $L^A = (1-\beta) L$，则有 $L^M + L^A = L$。设区域 1 和区域 2 的工人数量分别为：

$$L_1^M = \mu L^M, \quad L_2^M = (1-\mu) L^M \tag{3-13}$$

再设区域 1 和区域 2 的农民数量分别为：

$$L_1^A = \theta L^A, \quad L_2^A = (1-\theta) L^A \tag{3-14}$$

因为制造业是规模收益递增的，所以所有的制造业企业都是专业化的，即每一种制造品有且仅有一个企业来生产，则制造品的种类就是企业的个数。借鉴肖文和王平（2011）的方法，把城市拥挤成本引入企业的生产成本，则企业的成本函数如下：

$$l_r^M(i) = l_0 + c q_r^M(i) + \gamma L_r^M, \quad s=1, 2 \tag{3-15}$$

其中，$l_r^M(i)$ 表示第 i 种制造品的劳动力成本；l_0 表示制造品的固定成本；c 表示制造品的边际成本，c 是一个大于 0 的常数，意味着经济体所有种类制造业的固定成本和边际成本都相等；γ 表示城市拥挤效应的参数，即城市的工人数量越多，企业要承担的拥挤成本越高，以劳动力的形式体现。

如果城市 r 中工人的名义工资率为 w_r^M，则该城市中生产第 i 种制造品的企业的利润函数为：

$$\pi_r(i) = p_r^M(i) q_r^M(i) - w_r^M \left[l_0 + c q_r^M(i) + \gamma L_r^M \right], \quad r=1, 2 \tag{3-16}$$

把方程（3-12）代入方程（3-16），根据利润最大化原则，有：

$$p_r^M(i) = \frac{\sigma}{1-\sigma} c w_r^M = \frac{c w_r^M}{\rho}, \quad r=1, 2 \tag{3-17}$$

则该企业的利润为：

$$\pi_r(i) = w_r^M \left[\frac{c\, q_r^M(i)}{\sigma - 1} - l_0 - \gamma L_r^M \right], \quad r = 1,\ 2 \tag{3-18}$$

企业根据盈亏可以自由进入或退出市场，零利润条件下的均衡产出为：

$$q_r^M(i)^* = \frac{(\sigma - 1)(l_0 + \gamma L_r^M)}{c}, \quad r = 1,\ 2 \tag{3-19}$$

方程（3-19）意味着经济体所有制造业企业的均衡产出相等，与制造品种类无关。均衡时企业的劳动力投入为：

$$l_r^M(i)^* = \sigma(l_0 + \gamma L_r^M), \quad r = 1,\ 2 \tag{3-20}$$

由方程（3-20）可以看出，由于城市拥挤成本的存在，企业的劳动力投入成本就增加了。同时也说明，城市 r 中所有企业的劳动力投入都是相同的。因为制造品的种类数就是企业的个数，所以城市 r 中制造业企业的数量为：

$$n_r = \frac{L_r^M}{l_r^M(i)^*} = \frac{L_r^M}{\sigma(l_0 + \gamma L_r^M)} = \frac{1}{\sigma(l_0/L_r^M + \gamma)}, \quad r = 1,\ 2 \tag{3-21}$$

从方程（3-21）可以看出，城市拥挤效应增加了企业的生产成本，反过来减少了城市集聚的企业数量。

2. 短期均衡

因为农业部门是完全竞争的，且规模收益不变，所以农产品的价格等于边际成本。假定农业部门生产 1 单位农产品需要 a 单位的农民，则农产品的价格为：

$$p^A = a\, w_s^A, \quad s = 1,\ 2 \tag{3-22}$$

其中，w_s^A 表示区域 s 的农民工资率。

由方程（3-4）可知，整个经济体对农产品的需求量为：

$$q^A = \frac{(1 - \alpha) E_1}{p^A} + \frac{(1 - \alpha) E_2}{p^A} = \frac{(1 - \alpha)(E_1 + E_2)}{p^A} \tag{3-23}$$

其中，q^A 表示整个经济体对农产品的需求量，E_1 和 E_2 分别表示区域 1 和区域 2 的消费总支出。整个经济体能供给的农产品产出为 $(1 - \beta)L/a$，则农产品市场出清时，供给量等于需求量，即：

$$\frac{(1 - \beta)L}{a} = \frac{(1 - \alpha)(E_1 + E_2)}{p^A} \tag{3-24}$$

当整个经济体的制造品市场实现短期均衡时，每种制造品的供给量等于整个经济体所有的消费者对这种制造品的需求量，由方程（3-12）和方程（3-19）得到制造品的短期均衡价格为：

$$\left[p_r^M(i)^* \right]^\sigma = \frac{c\alpha}{(\sigma-1)(l_0+\gamma L_r^M)} \sum_{s=1}^{2} Y_s P_s^{\sigma-1} T_{rs}^{1-\sigma}, r=1,2 \qquad (3-25)$$

假设城市 s 制造业的实际工资率为 ω_s^M，由方程（3-17）定价法则和方程（3-22）得到城市 s 制造业的名义工资率 w_s^M 和实际工资率 ω_s^M 分别为：

$$w_r^M = \frac{\sigma-1}{c\sigma} \left[\frac{c\alpha}{(\sigma-1)(l_0+\gamma L_r^M)} \sum_{s=1}^{2} Y_s P_s^{\sigma-1} T_{rs}^{1-\sigma} \right]^{\frac{1}{\sigma}}$$

$$\omega_r^M = w_r^M (p^A)^{\alpha-1} P_r^{-\alpha}, \ r, \ s=1, \ 2 \qquad (3-26)$$

其中，P_r 表示城市 r 制造品的价格指数。从方程（3-26）可以看出，城市 r 工人的名义工资率 w_r^M 与各区域的收入 Y_r 和价格指数 P_r 以及制造品的贸易成本参数 T_{rs} 有关，同时我们也可以看出，市场拥挤效应的存在降低了城市工人的名义工资率和实际工资率。

短期内，工人难以实现跨区域流动，当整个经济体市场达到短期均衡时，劳动力市场和产品市场都会出清。经济体中两个区域的收入分别等于本区域所有农民和工人的收入之和，即区域 k 的总收入等于城市的收入加上农村地区的收入，为：$Y_k = w_k^M L_k^M + w_k^A L_k^A$，其中，$w_k^A$ 表示区域 r 的农民工资率。因为农产品没有贸易成本，所以农产品在所有区位的价格都相等，那么，所有农民的工资也都相等，不失一般性，设 $w_k^A = 1$。令经济体的人口总量为 1，即 $L = 1$，农民在两个区域之间均匀分布，即 $\theta = 1/2$，则区域 1 和区域 2 的总收入分别为：

$$Y_1 = w_1^M L_1^M + L_1^A = \mu\beta w_1^M + \frac{(1-\beta)}{2} \qquad (3-27)$$

$$Y_2 = w_2^M L_2^M + L_2^A = (1-\mu)\beta w_2^M + \frac{(1-\beta)}{2} \qquad (3-28)$$

不失一般性，令 $c = \frac{(\sigma-1)}{\sigma} = \rho$，由方程（3-10）、方程（3-17）和方程（3-21）可知，城市 1 和城市 2 的价格指数分别为：

$$P_1 = \left[n_1(p_1^M)^{1-\sigma} + n_2(p_2^M T_{21})^{1-\sigma} \right]^{\frac{1}{(1-\sigma)}}$$

$$= \left[\frac{1}{\sigma(l_0/L_1^M+\gamma)}(w_1^M)^{1-\sigma} + \frac{1}{\sigma(l_0/L_2^M+\gamma)}(w_2^M T_{21})^{1-\sigma} \right]^{\frac{1}{(1-\sigma)}} \qquad (3-29)$$

$$P_2 = \left[n_1(p_1^M T_{12})^{1-\sigma} + n_2(p_2^M)^{1-\sigma} \right]^{\frac{1}{(1-\sigma)}}$$

$$= \left[\frac{1}{\sigma(l_0/L_1^M+\gamma)}(w_1^M T_{12})^{1-\sigma} + \frac{1}{\sigma(l_0/L_2^M+\gamma)}(w_2^M)^{1-\sigma} \right]^{\frac{1}{(1-\sigma)}} \qquad (3-30)$$

从方程（3–29）和方程（3–30）可以看出，城市集聚的企业数量越多，其价格指数越低；城市间的贸易成本越高，其价格指数越高；城市的拥挤成本越高，其价格指数则越高。

不失一般性，令农产品的价格 $p^A = 1$，从而由方程（3–26）得到城市1和城市2的名义工资率和实际工资率分别为：

$$w_1^M = \left[\frac{\alpha}{\sigma(l_0 + \gamma\mu\beta)}(Y_1 P_1^{\sigma-1} + Y_2 P_2^{\sigma-1} T_{12}^{1-\sigma}) \right]^{\frac{1}{\sigma}}, \quad \omega_1^M = w_1^M P_1^{-\alpha} \qquad (3-31)$$

$$w_2^M = \left[\frac{\alpha}{\sigma[l_0 + \gamma(1-\mu)\beta]}(Y_1 P_1^{\sigma-1} T_{21}^{1-\sigma} + Y_2 P_2^{\sigma-1}) \right]^{\frac{1}{\sigma}}, \quad \omega_2^M = w_2^M P_2^{-\alpha} \quad (3-32)$$

3. 长期均衡

不失一般性，对短期均衡中两个区域的价格指数方程和工资率方程进行简化处理。令 $l_0 = \alpha/\sigma$，$T_{12} = T_{21} = T$，则城市1和城市2的价格指数、名义工资率和实际工资率分别改写为：

$$P_1 = \left[\frac{1}{\frac{\alpha}{\mu\beta} + \gamma}(w_1^M)^{1-\sigma} + \frac{1}{\frac{\alpha}{(1-\mu)\beta} + \gamma}(w_2^M T)^{1-\sigma} \right]^{\frac{1}{1-\sigma}} \qquad (3-33)$$

$$P_2 = \left[\frac{1}{\frac{\alpha}{\mu\beta} + \gamma}(w_1^M T)^{1-\sigma} + \frac{1}{\frac{\alpha}{(1-\mu)\beta} + \gamma}(w_2^M)^{1-\sigma} \right]^{\frac{1}{1-\sigma}} \qquad (3-34)$$

$$w_1^M = \left[\frac{1}{1 + \frac{\gamma\sigma\mu\beta}{\alpha}}(Y_1 P_1^{\sigma-1} + Y_2 P_2^{\sigma-1} T^{1-\sigma}) \right]^{\frac{1}{\sigma}}, \quad \omega_1^M = w_1^M P_1^{-\alpha} \qquad (3-35)$$

$$w_2^M = \left[\frac{1}{1 + \frac{\gamma\sigma(1-\mu)\beta}{\alpha}}(Y_1 P_1^{\sigma-1} T^{1-\sigma} + Y_2 P_2^{\sigma-1}) \right]^{\frac{1}{\sigma}}, \quad \omega_2^M = w_2^M P_2^{-\alpha} \qquad (3-36)$$

如果由于某个或某些外生变量的变化造成两个城市的实际工资率发生差异，制造业工人在短期内是不能及时对这种变化做出反应的。但是在长期内，制造业工人就能够对这种变化做出相应的反应，制造业工人就会在两个城市之间流动，制造业工人的空间分布就会发生变动。实际工资率相对高的城市会吸引制造业工人流入，而实际工资率相对低的城市就会有制造业工人流出，即制造业工人趋向于从实际工资率相对低的城市向实际工资率相对高的城市流动。因此，制造业工人在两个城市之间的流动与两个城市的相对实际工资率有关。假定两个城市的制造业工人流动量与两个城市之间的实际工资率之差成正比，即：

$$\dot{\mu}_{2to1} = \varphi(\omega_1^M - \omega_2^M)\mu(1-\mu) \tag{3-37}$$

其中，$\dot{\mu}_{2to1}$ 表示城市 2 向城市 1 的制造业工人流动份额，φ 表示制造业工人对城市间实际工资率差异的反应系数，简化起见，设为常数 1。当 $\dot{\mu}_{2to1} = 0$ 时，表示制造业工人的空间分布不再变动，即实现了长期均衡。观察方程（3 - 37），这里的长期均衡存在两类：一类是当两个城市制造业工人的实际工资率相等，即城市 1 制造业工人的份额 μ 处在 $0 \sim 1$，属于内点解；另一类是经济体中所有的制造业工人都集聚在其中一个城市的两种极端状态，即 $\mu = 1$ 或 $\mu = 0$，都属于角点解。因为城市 1 或城市 2 中的所有企业雇用的工人数量即同一个城市中所有企业的工人规模都一样大，所以制造业工人的空间分布最终决定了制造业企业的空间分布。

城市间实际工资率差异引起的制造业工人空间流动，会改变城市间的相对制造业份额，本地市场效应和价格指数效应形成的集聚力会通过循环累积因果作用进一步强化城市间的实际工资率差异，从而进一步加大制造业工人从实际工资率低的城市向实际工资率高的城市流动的动力（Krugman，1991；藤田昌久等，2011），如图 3 - 3 所示。但是，城市制造业工人规模增大会产生市场拥挤效应，

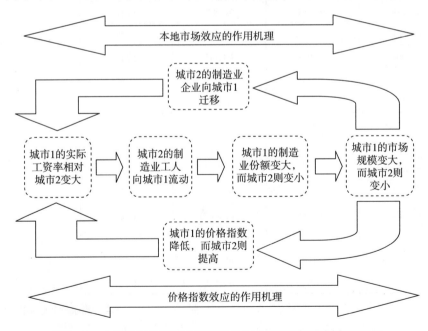

图 3 - 3　本地市场效应和价格指数效应的循环累积因果作用机理

资料来源：作者绘制。

城市拥挤成本的存在会形成相反的力量即分散力缩小城市间的实际工资率差异，从而减少制造业工人的空间流动，如图 3-4 所示。

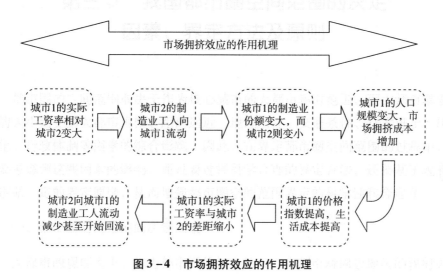

图 3-4 市场拥挤效应的作用机理

资料来源：作者绘制。

在经济体实现长期均衡的过程中，本地市场效应、价格指数效应和市场拥挤效应三种效应同时起作用，当本地市场效应和价格指数效应产生的集聚力与市场拥挤效应产生的分散力相互均衡时，产品市场和劳动力市场都达到长期均衡的稳定状态。地理、气候、区位、矿产等大自然赋予的外生给定的先天条件是决定经济发展的"第一自然"，而习俗、制度、规则、技术、收益递增、集聚经济等人类创造的内生形成的后天条件则是决定经济发展的"第二自然"（Krugman，1991），"第一自然"难以改变，但要改变"第二自然"则要容易得多，且确实在人类社会发展中"第二自然"发生着持续不断的变化。

4. 制造业空间分布变化的数值模拟

运用数值模拟的方法，通过逐步改变经济发展的某个"第二自然"来分析经济活动空间分布的变化。

（1）城市间贸易成本逐步下降与制造业空间分布动态。随着社会发展和技术进步，城市间的贸易成本总体上呈现了逐步降低的过程。在城市间贸易成本逐步降低的过程中，制造业空间分布的长期均衡并不是唯一的，且初始状态不同，长期均衡时的制造业空间分布也是有所不同的。

城市间贸易成本处于高水平。当城市间存在高水平的贸易成本时，两城市的相对实际工资率与经济体制造业的空间分布之间的关系如图3－5所示。当两城市的实际工资率之差等于0即两城市的实际工资率相等时，整个经济体的制造业平均分布在两个城市中，即在均衡点B。如果受到外部力量的作用，使城市1的制造业份额发生提高或降低的变动时，城市1的实际工资率就会小于或大于城市2，城市1的制造业工人和企业就会向城市2迁移，直到两城市的制造业份额再次相等，这时的制造业空间分布均衡又回到了两城市的实际工资率之差曲线上的B点。当经济体所有的制造业都集聚在城市2（A点）时，这时城市1的实际工资率大于城市2，在短期内，制造业工人难以对实际工资率差异做出反应，工人和企业不会在两城市间发生流动。但在长期内，城市2的制造业工人和企业就会向城市1迁移，因为两城市的实际工资率之差曲线上A点与B点之间都是城市1的实际工资率大于城市2的实际工资率，所以由城市2向城市1的制造业工人和企业迁移行为直到两城市的实际工资率之差等于0（B点）为止，这时两城市的制造业份额相等。经济体所有的制造业都集聚在城市1（C点）的情况与上述情况刚好相反，最终也会使均衡点由C点向B点移动，直到使得两城市的实际工资率和制造业份额都相等的B点为止。因此，在长期内，当城市间贸易成本处于高水平时，经济体制造业平均分布在两个城市的均衡是稳定均衡的，所有制造业集聚在一个城市（城市1或城市2）的均衡是不稳定的。当经济体在长期内实现稳

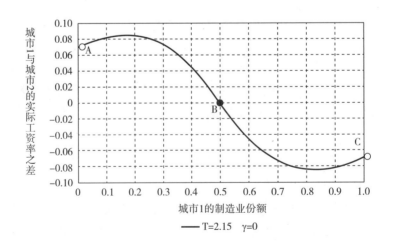

图3－5 城市间的高水平贸易成本与制造业的空间分布均衡

资料来源：作者利用 Matlab 软件进行数值模拟得到。

定均衡时，两个城市的制造业份额是相等的，且生产不同种类的多种制造品，这时的产业分工是产业间分工，即两个都是制造业城市，但专业化于不同类型的多种制造业。

城市间贸易成本处于中等水平。当城市间的贸易成本降低到一定水平时，两城市的相对实际工资率与经济体制造业的空间分布之间的关系曲线发生了明显的变化，其中存在3个均衡点（B、C和D）是满足两城市的实际工资率之差等于0的，如图3-6所示。当经济体制造业的空间分布在均衡点B时，如果受到外部力量的作用，城市1的制造业份额发生轻微的提高（或降低）时，城市1的实际工资率就会立即大于（或小于）城市2，城市2（或城市1）的制造业工人和企业就会向城市1（或城市2）迁移，均衡点就会沿着两城市的实际工资率之差曲线向C点（或A点）移动，直到C点（或A点）为止。如果移动到C点，两城市的实际工资率和制造业份额都相等；如果移动到A点，经济体所有的制造业都集聚在城市2，城市1完全失去制造业份额，退化为农业地区，形成以城市2为中心的"中心—外围"结构。当经济体制造业的空间分布在均衡点D时，如果受到外部力量的作用，城市1的制造业份额发生轻微的提高（或降低）时，城市1的实际工资率就会立即大于（或小于）城市2，城市2（或城市1）的制造业工人和企业就会向城市1（或城市2）迁移，均衡点就会沿着两城市的实际工资率之差曲线向E点（或C点）移动，直到E点（或C点）为止。如果移动到

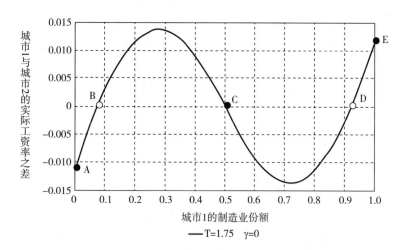

图3-6 城市间的中等水平贸易成本与制造业的空间分布均衡

资料来源：作者利用 Matlab 软件进行数值模拟得到。

C 点，两城市的实际工资率和制造业份额都相等；如果移动到 E 点，经济体所有的制造业都集聚在城市 1，城市 2 完全失去制造业份额，退化为农业地区，形成以城市 1 为中心的"中心—外围"结构。当经济体制造业的空间分布在均衡点 A 或 C 或 E 时，如果受到外部力量的作用，城市 1 的制造业份额发生了提高（或降低）的轻微变动，城市 1 的实际工资率就会立即小于（或大于）城市 2 的实际工资率，城市 1（或城市 2）的制造业工人和企业就会向城市 2 迁移，制造业的空间分布均衡点会分别自动回到 A（或 C 或 E）点。因此，当城市间的贸易成本降到一定水平时，经济体的制造业空间分布就会出现 5 个均衡点，其中有 3 个点（A、C 和 E）都是稳定均衡，其他 2 个均衡点（B 和 D）都是不稳定的。当经济体在长期内实现稳定均衡时，均衡点 A 和 E 体现的两个区域之间的产业分工是部门间分工，即制造业部门与农业部门之间的分工；均衡点 C 体现的两个城市之间的产业分工是产业间分工。

城市间贸易成本处于低水平。当城市间的贸易成本进一步降低到一定水平时，两城市的相对实际工资率与经济体制造业的空间分布之间的关系曲线进一步发生明显变化，只有 1 个均衡点（B 点）是满足两城市的实际工资率之差等于 0 的，如图 3－7 所示。当经济体的制造业空间分布处于均衡点 B 时，两城市的实际工资率和制造业份额相等。如果受到外部力量的作用，城市 1 的制造业份额发生了提高（或降低）的轻微变动，城市 1 的实际工资率就会立即大于（或小于）城市 2，城市 2（或城市 1）的制造业工人和企业就会持续向城市 1（或城市 2）迁移，直到全部制造业都集聚在城市 1（或城市 2）为止，城市 2（或城市 1）失去了全部的制造业份额，退化为农业地区，这时两城市的实际工资率之差曲线均衡点移动到 C 点（或 A 点），形成以城市 1（或城市 2）为中心的"中心—外围"结构。但是，当经济体的制造业空间分布均衡在 A 点（或 C 点），如果受到外部力量的作用，城市 1 的制造业份额发生了提高（或降低）的变动，因为城市 1 的实际工资率小于（或大于）城市 2 的实际工资率，城市 1 的制造业工人和企业就会持续向城市 2（或城市 1）迁移，直到全部的制造业都集聚在城市 2（或城市 1）为止，这时两城市的实际工资率之差曲线上的均衡点就会又回到 A 点（或 C 点）。因此，当城市间的贸易成本处于低水平时，在长期内，经济体所有的制造业都集聚在一个城市（城市 1 或城市 2）是稳定均衡，制造业平均分布在两个城市的均衡是不稳定的。当经济体在长期内实现稳定均衡时，均衡点 A 和 C 体现两个区域之间的产业分工都是部门间分工。

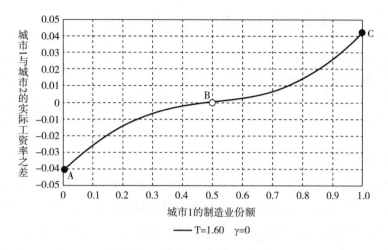

图3-7 城市间的低水平贸易成本与制造业的空间分布均衡

资料来源：作者利用 Matlab 软件进行数值模拟得到。

（2）城市拥挤成本逐步提高与制造业空间分布动态。上述对城市间贸易成本逐步降低影响制造业空间分布的分析是在没有城市拥挤成本的假设条件下进行的，但城市集聚经济活动的市场拥挤效应是真实存在的。在假设其他条件不变的情况下，通过数值模拟的方法，在城市间贸易成本处于低水平的基础上，逐步提高城市拥挤成本，来观察市场拥挤效应是如何影响制造业空间分布的。

首先使城市拥挤成本发生轻微的提高，即 γ 的值由 0 提高到 0.005，与图3-7相比，两城市的实际工资率之差曲线的走势（见图3-8）并没有出现明显的变化。但是，观察图3-8，会发现 A 点或 C 点所表示的角点解的绝对值变小了，说明经济体的制造业空间分布实现长期均衡并形成"中心—外围"结构，且中心地区（区域1）与外围地区（区域2）之间的实际工资率差异由于城市拥挤成本的存在变小了，即城市拥挤成本的存在降低了城市制造业工人的实际工资率。

进一步放大城市的市场拥挤效应，即 γ 的值由 0.005 提高到 0.015，与图3-8相比，两城市的实际工资率之差曲线的走势（见图3-9）出现了明显的变化，两城市的实际工资率之差出现 3 种等于 0 的情况，与图3-6相似，"中心—外围"结构不再是绝对的长期均衡，制造业空间分布的长期均衡是"中心—外围"结构还是两城市占有相等的制造业份额，取决于经济体实现短期均衡时两城市的相对制造业份额。此外，当经济体的制造业空间分布实现"中心—外

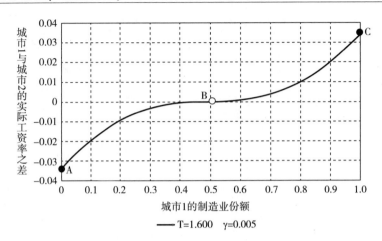

图3-8　城市的低水平拥挤成本与制造业的空间分布均衡

资料来源：作者利用 Matlab 软件进行数值模拟得到。

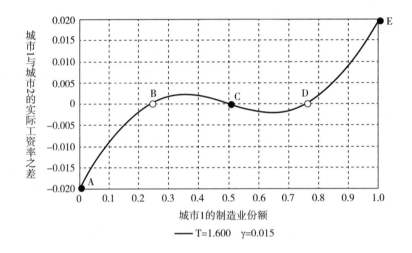

图3-9　城市中等水平的拥挤成本与制造业的空间分布均衡

资料来源：作者利用 Matlab 软件进行数值模拟得到。

围"结构的长期均衡时，中心地区（区域1）与外围地区（区域2）之间的实际工资率差异因为城市拥挤成本的存在变得更小了。

如果大幅度地提高城市拥挤成本的话，即 γ 的值由 0.015 提高到 0.050，与图3-7相比，两城市的实际工资率之差曲线的走势（见图3-10）出现的变化就更明显了，两城市的实际工资率之差等于0的情况又变为1种，与图3-5相似，制造业平均分布在两个城市且成为唯一的长期均衡。

通过逐步放大城市集聚经济活动的市场拥挤效应影响经济体的制造业空间分布可知，城市拥挤成本的存在形成了一种抑制城市进一步集聚经济活动的分散力，等同于城市间贸易成本提高了。如果城市的拥挤成本足够大，城市间贸易成本小幅度的降低就不足以促使经济体的制造业空间分布演变成"中心—外围"结构，也不一定是唯一的长期均衡。但是，在现实社会中，城市发展的其他条件并不是一成不变的，城市内部的空间布局、基础设施建设和改进、产业结构转型升级等方面的进步都在不断缓解城市进一步集聚经济活动的拥挤压力。因此，从现实出发，市场拥挤效应的存在不足以形成推动产业空间分散发展的主要力量。

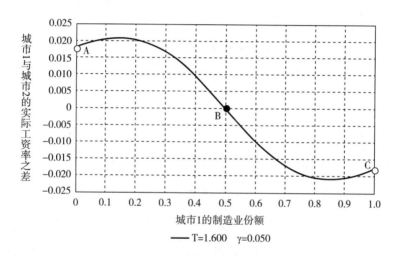

图3-10　城市的高水平拥挤成本与制造业的空间分布均衡

资料来源：作者利用 Matlab 软件进行数值模拟得到。

二、中心地区生产成本上升、产业扩散与都市圈形成

根据新经济地理学理论，区域"中心—外围"结构的稳定性取决于外围地区任意一个区位上的市场潜力大小。如果外围地区所有区位上的市场潜力都小于1，则区域"中心—外围"结构是稳定的，否则是不稳定的。

借鉴藤田昌久等（2011）的方法，我们定义制造业的市场潜力函数为：

$$\Omega(r) \equiv \frac{\omega^M(r)^\sigma}{\omega^A(r)^\sigma} \qquad\qquad (3-38)$$

其中，$\omega^A(r)$ 表示区位 r 上代表性农业生产者的实际工资率（也是城市中制造业工人的实际工资率），同时，$\omega^M(r) \equiv w^M(r) G(r)^{-\mu} p^A(r)^{-(1-\mu)}$ 表示区位 r 上零利润制造业厂商愿意支付的最高实际工资率。其中，$w^M(r)$ 表示区位 r 上零利润制造业厂商愿意支付的最高名义工资率；$G(r)$ 表示区位 r 上制造业的价格指数；$p^A(r)$ 表示区位 r 上农产品的价格；μ 是常数，表示制造品的支出份额；σ 表示任意两种制造品之间的替代弹性。

由于 $\omega^A(r) = \omega^M(0)$，所以城市的市场潜力为 1。区域"中心—外围"结构是稳定的，并且当且仅当：

对于所有的 r 来说，$\Omega(r) \leq 1$，　　　　　　　　　　　　　　　　(3 – 39)

也就是说，在外围地区任意一个区位上，零利润的制造业厂商无法支付比工人现在的工资水平更高的工资。

为了推导出市场潜力函数，首先改写方程（3 – 38）为：

$$\Omega(r) = \frac{\omega^M(r)^\sigma}{\omega^A(r)^\sigma} = \frac{w^M(r)^\sigma}{w^A(r)^\sigma} = w^M(r)^\sigma e^{\sigma[(1-\mu)\tau^A - \mu\tau^M]|r|} \qquad (3 – 40)$$

其中，τ^A 和 τ^M 分别表示农产品和制造品的运输成本。由此可以看出，每个区位的实际工资之比都等于名义工资之比，并且农业部门的名义工资为 $w^M(r) = e^{[\mu\tau^M - (1-\mu)\tau^A]r}$。制造业工人的工资方程在连续空间下的形式为：

$$w^M(r) = \left[Y(0) e^{-(\sigma-1)\tau^M|r|} G(0)^{\sigma-1} + \int_{-f}^{f} Y(s) e^{-(\sigma-1)\tau^M|r-s|} G(s)^{\sigma-1} ds \right]^{1/\sigma}$$

$$(3 – 41)$$

其中，$Y(s)$ 表示区位 s 上的收入；$G(r) = \left(\dfrac{L^M}{\mu}\right)^{1/(1-\sigma)} e^{\tau^M|r|}$，$L^M$ 表示城市中制造业工人的数量。城市中的收入就是制造业工人的总工资 $w^M L^M$。外围地区的收入就是农产品的总价值，即 p^A。则有：

如果 $r = 0$，则 $Y(r) = w^M(r) L^M$；

如果 $r \neq 0$，则 $Y(r) = p^A(r) = p^A e^{-\tau^A|r|}$　　　　　　　　　　(3 – 42)

藤田昌久等（2011）通过数值模拟分析得出结论，在区域"中心—外围"结构中，外围地区任意一个区位上的市场潜力与其周边一定范围内的人口规模有关。当某一个区位周边一定范围内的人口规模足够大时，该区位上的市场潜力就有可能达到 1，制造业厂商迁出城市到该区位上生产就会有利可图，从而使区域"中心—外围"结构变得不稳定（见图 3 – 11）。

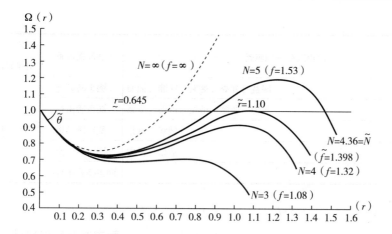

图 3-11 不同人口规模 N 情况下区域"中心—外围"结构的市场潜力曲线图

资料来源：藤田昌久、保罗·克鲁格曼、安东尼·J. 维纳布尔斯：《空间经济学——城市、区域与国际贸易》，梁琦主译，北京：中国人民大学出版社 2011 年版。

但现实中的区域空间结构并不像理论上假设得那么简单。在现实中，随着城市规模的扩大，制造业厂商在城市中的生产成本会不断上涨，从而使制造业厂商在城市中生产获得的利润逐渐减少。假设制造业厂商在城市中生产获得的利润等同于新经济地理学理论所定义的市场潜力。如果制造业厂商在城市中生产获得的利润大于或等于零，那么，该制造业厂商就会选择继续留在城市中进行生产，否则该制造业厂商就会产生迁出城市的意愿。

在一个出现大都市及其周边存在许多大中小城市和小城镇的区域中，当大都市中的生产成本上涨到一定水平时，某些制造业厂商的利润就可能减少到零或零以下。这些制造业厂商就有可能逐渐迁离大都市，选择在大都市周边生产成本较低的某个城市或小城镇进行生产。随着区域交通基础设施的逐步改善，大都市与周边地区和城市的交通联系变得越来越便捷，可能会有大量的制造业厂商从大都市向周边的城市或小城镇迁移，不仅降低了生产成本，而且能够保留在大都市中的市场份额，从而形成了大都市对周边地区和城市及小城镇越来越强的辐射带动作用。这时候，我们认为以大都市为核心城市的都市圈就开始形成了，核心城市与外围城市之间的产业分工也开始出现。

第四节　基于新经济地理学理论的都市圈产业分工深化机理

随着都市圈的形成和发展，核心城市与外围城市之间的产业分工并不是一成不变的。随着交通和通信技术进步及应用，都市圈产业分工会不断深化，核心城市与外围城市之间的经济联系也会逐步深化和多样化。

一、运输成本、中间制造品供求空间分离与都市圈产业分工深化

随着都市圈内运输成本进一步降低，核心城市中那些生产最终消费品需要投入中间制造品的制造业企业为了降低生产成本，也开始逐渐向外围城市迁移，产业联系开始形成并逐渐强化，从而使核心城市对外围城市的经济辐射带动作用进一步增强，都市圈产业分工开始深化。接下来，借鉴藤田昌久和蒂斯（2016）的研究方法，运用新经济地理学理论来演绎中间制造品的供求厂商是如何在运输成本下降的情况下实现空间分离的。

1. 模型框架

经济空间 X 是无界和线性的。土地在任何区位都具有相同的密度和肥沃程度。土地在农业部门中是一种不可移动的投入要素。农业部门生产一单位农产品需要消耗一单位劳动力和一单位土地。制造业部门被进一步细分为两个纵向关联的部门：最终制造品部门，它生产同质的工业制成品以供消费；以及中间制造品（I）部门，它为最终制造品部门提供一组产业化的中间投入品。最终制造品部门的生产技术是规模报酬不变的，且使用劳动力和由中间产品部门（I）所有种类的产品。所有工人的偏好都是相同的。所有的工人都是同质的，能在三个部门中自由选择工作，且可以在城市和农村间自由流动。设定冰山型的运输成本：如果一单位的农产品（或工业制成品，或中间产品）从区位 $r \in X$ 运往区位 $s \in X$，仅有部分能运抵目的地，该部分的量由 $\exp(-\tau^A |r-s|)$（或 $\exp(-\tau^M |r-s|)$，或 $\exp(-\tau^I |r-s|)$）给出，其中 τ^A（或 τ^M，或 τ^I）为正的常数。

工人消费最终制造品的效用函数为：

$$U = \frac{Q^{\mu} A^{1-\mu}}{\mu^{\mu}(1-\mu)^{1-\mu}}, \ 1 < \mu < 1 \qquad (3-43)$$

其中，Q 表示由最终制造品部门生产的一种同质产品的消费量，A 表示农产品的消费量；μ 是常数，表示最终制造品的支出份额。

最终制造品按照柯布—道格拉斯生产函数进行生产：

$$X^{M} = l^{1-\alpha} I^{\alpha}, \ 1 < \alpha < 1 \qquad (3-44)$$

其中，X^{M} 表示最终制造品部门的产出；l 表示劳动力数量；α 是常数，表示中间制造品的投入份额；I 表示中间制造品的消费指数，其表达式为：

$$I = \left(\int_{0}^{M} q_{i}^{\rho} \mathrm{d}i \right)^{\frac{1}{\rho}}, 1 < \rho < 1 \qquad (3-45)$$

其中，q_{i} 表示中间制造品 i 的数量，M 表示中间制造品的种类；ρ 是常数，表示中间制造品的同质性，其值越小，表示中间制造品的差异性越大。

由方程（3-44）得到最终制造品的单位生产成本为：

$$c^{M} = \alpha^{-\alpha}(1-\alpha)^{-(1-\alpha)} w^{1-\alpha} P^{\alpha} \qquad (3-46)$$

其中，$P \equiv \left(\int_{0}^{M} p_{i}^{-(\sigma-1)} \mathrm{d}i \right)^{-\frac{1}{\sigma-1}}$，表示中间制造品的价格指数，其中，$p_{i}$ 表示中间制造品 i 的价格，$\sigma \equiv \dfrac{1}{1-\rho}$。

对应于产出 X^{M} 的最终制造品部门对劳动力和中间制造品 i 的投入需求分别为：

$$L^{M} = (1-\alpha) c^{M} X^{M} w^{-1} \qquad (3-47)$$

$$q_{i} = \alpha c^{M} X^{M} w^{-1} p_{i}^{-\sigma} P^{\sigma-1}, \ i \in [0, \ M] \qquad (3-48)$$

生产每一种中间制造品都仅需要投入 l_{i} 单位的劳动力，其表达式为：

$$l_{i} = f + q_{i} \qquad (3-49)$$

其中，f 表示固定投入的劳动力。很容易看出，中间制造品的生产技术是规模报酬递增的。

此外，农产品的生产技术是 1 单位农产品需要投入 1 单位劳动力。由此，得到消费者对农产品和最终制造品的需求函数分别为：

$$A = \frac{(1-\mu) Y}{p^{A}} \qquad (3-50)$$

$$Q = \frac{\mu Y}{p^{M}} \qquad (3-51)$$

其中，p^A和p^M分别表示农产品和最终制造品的价格，Y表示消费者的总支出。

因为规模经济仅出现在中间制造品部门，此处仅讨论中间制造品完全集聚在城市中的情况。假定农业地区围绕着城市，从$-r_b$延伸到r_b。令$p^A(r)$和$p^M(r)$分别为区位r上农产品和最终制造品的价格。两个制造业部门的工人和农民所获得的均衡实际工资相等，为ω^*。区位r上的均衡名义工资为：

$$w^*(r) = \omega^* [p^M(r)]^{\mu} [p^A(r)]^{(1-\mu)} \tag{3-52}$$

标准化设定$w^* = 1$，由方程（3-52）可以得到：

$$\omega^* = (p^M)^{-\mu} (p^A)^{-(1-\mu)} \tag{3-53}$$

$$w^*(r) = \left(\frac{p^M(r)}{p^M}\right)^{\mu} \left(\frac{p^A(r)}{p^A}\right)^{1-\mu} \tag{3-54}$$

很容易得知中间制造品的均衡价格为$p^I = 1$，其在区位r上的交货价格为：

$$p^I(r) = \exp(\tau^I r) \tag{3-55}$$

令L^I为中间制造品部门的工人连续体大小。零利润条件时，每个企业的劳动力需求为σf，因此城市将生产$\dfrac{L^I}{\sigma f}$种不同的中间制造品。利用中间制造品的价格指数和方程（3-55），得到区位r上中间制造品的价格指数为：

$$P^I(r) = \left(\frac{L^I}{\sigma f}\right)^{-\frac{1}{\sigma-1}} \exp(\tau^I r) \tag{3-56}$$

利用方程（3-46）可知，区位r上最终制造品的单位生产成本为：

$$c^M(r) = \alpha^{-\alpha} (1-\alpha)^{-(1-\alpha)} [w^*(r)]^{1-\alpha} [P^I(r)]^{\alpha}$$

$$= \kappa_3 (L^I)^{-\frac{\alpha}{\sigma-1}} [w^*(r)]^{1-\alpha} \exp(\alpha \tau^I r) \tag{3-57}$$

其中，$\kappa_3 = \alpha^{-\alpha} (1-\alpha)^{-(1-\alpha)} (\sigma f)^{\frac{\alpha}{\sigma-1}}$

设$L^M(r)$表示最终制造品部门在区位$r \neq 0$上的劳动力密度。当$r = 0$时，由于$w^*(0) = 1$，可知城市的总收入表示为$L^M + L^I$。当$r \neq 0$时，农村地区每单位土地的总收入表示为$p^A(r) + w^*(r)L^M(r)$。从而，得到城市中最终制造品的需求数量和区位$r \neq 0$上最终制造品的需求数量分别为：

$$Q^M(r) = \frac{\mu(L^M + L^I)}{p^M} \tag{3-58}$$

$$Q^M(r) = \frac{\mu[p^A(r) + w^*(r)L^M(r)]}{p^M(r)} \tag{3-59}$$

在供给方面，利用方程（3-51），城市生产的最终制造品产出和区位 $r \neq 0$ 上生产的最终制造品产出分别为：

$$X^M(r) = \frac{L^M c^M}{1-\alpha} \tag{3-60}$$

$$X^M(r) = \frac{w^*(r)L^M(r)c^M(r)}{1-\alpha} \tag{3-61}$$

由于最终制造部门是规模报酬不变的，因此，$L^M > 0 \Rightarrow p^M = c^M$ 和 $L^M(r) > 0 \Rightarrow p^M(r) = c^M(r)$ 两个条件成立。

劳动力市场的出清条件为：

$$2r_b + L^M + 2\int_0^{r_b} L^M(r)\mathrm{d}r + L^I = L \tag{3-62}$$

中间制造品部门是自由进入的，意味着其总成本 L^I 等于总收入。而总收入又等于最终制造品部门在中间制造品上的总支出 $\alpha\left[c^M X^M + 2\int_0^{r_b} c^M(r)X^M(r)\mathrm{d}r\right]$，利用式（3-60）和式（3-61），又可变换为 $\alpha\left[\frac{L^M}{1-\alpha} + 2\int_0^{r_b}\frac{w^*(r)L^M(r)}{1-\alpha}\mathrm{d}r\right]$。

因此，可以得到：

$$L^I = \frac{\alpha}{1-\alpha}\left[L^M + 2\int_0^{r_b} w^*(r)L^M(r)\mathrm{d}r\right] \tag{3-63}$$

将方程（3-61）代入方程（3-62），将劳动力市场的出清条件重写为：

$$2r_b + \frac{L^M}{1-\alpha} + 2\int_{b0}^{r}\left[1 + \frac{\alpha}{1-\alpha}w^*(r)\right]L^M(r)\mathrm{d}r = L \tag{3-64}$$

根据最终制造品部门完全竞争的均衡条件，可以得到：

$$p^M(r) \leqslant c^M(r) \tag{3-65}$$

定义中间制造品生产企业的市场潜力函数为：

$$\Omega(r) = \left[\frac{w^I(r)}{w^*(r)}\right]^\sigma \tag{3-66}$$

其中，$w^I(r)$ 代表在区位 r 上，生产中间制造品的企业能够支付的最高工资率，即零利润工资率。当且仅当 $\Omega(r) \leqslant 1$，$\forall \geqslant 0$ 时，中间制造品生产企业就会全部集聚在城市所在的区位上，即 $r = 0$，从而形成一种区位均衡。

城市中对中间制造品的总支出为 $\alpha c^M X^M$，而区位 $r \neq 0$ 上对中间制造品的支出为 $\alpha c^M(r)X^M(r)$，从而得到：

$$w^I(r) = \rho\left(\frac{\alpha f}{\sigma-1}\right)^{\frac{1}{\sigma}}\left\{\begin{matrix} c^M X^M \exp[-(\sigma-1)\tau^I r](P^I)^{\sigma-1} + 2\int_0^{r_b} c^M(s) X^M(s) \\ \exp[-(\sigma-1)\tau^I|r-s|][P^I(s)]^{\sigma-1}ds \end{matrix}\right\}$$

设 $c^M X_0^M = \dfrac{L_0^M}{1-\alpha}$ 及 $c^M(r) X^M(r) = \dfrac{w^*(r)L^M(r)}{1-\alpha}$，利用方程（3-60）和方程（3-61），使中间制造品企业的市场潜力函数变换为：

$$\Omega(r) = \frac{\alpha}{(1-\alpha)L^I[w^*(r)]^{\sigma}}\left\{\begin{matrix} L_0^M \exp[-(\sigma-1)\tau^I r] + 2\int_0^{r_b} w^{M*}(s) L^M(s) \\ \exp[-(\sigma-1)\tau^I(|r-s|-|s|)]ds \end{matrix}\right\}$$

$$(3-67)$$

根据中间制造品作为最终制造品生产投入的设定，区域可能会出现两种不同的单中心结构，各自有大不相同的贸易模式（藤田昌久等，2016）。在第一种单中心结构中，两个制造业生产企业共同集聚在一起，形成了多样化城市，并由城市向农业地区出口最终制造品。在第二种单中心结构中，中间制造品生产企业全部集聚在城市中，而最终制造品生产企业只有向城市居民提供最终制造品的那部分集聚在城市中，其他的最终制造品生产企业则与农业部门混居在一起，分别向当地居民提供最终制造品。此时，城市仅出口中间制造品，最终制造品则都是在其生产地被消费。第一种结构被称为一体化城市，而第二种结构被称为专业化城市。

2. 一体化城市

首先考虑两个工业部门都完全集聚在城市中的结构，此时城市向农业地区出口最终制造品，并从农业地区进口农产品。因此，必然有：

$$X^M(r) = 0 \text{ 和} L^M(r) = 0, \quad \forall r \neq 0 \tag{3-68}$$

从而将最终制造品的市场出清条件改写为 $X^M = Q^M + 2\int_0^{r_b} Q^M(r)\exp(\tau^M r)dr$。

利用方程（3-58）、方程（3-59）和方程（3-68），上式又可写为：

$$X^M = \mu\frac{L^M + L^I}{p^M} + 2\int_0^{r_b}\mu\frac{p^A(r)}{p^M(r)}\exp(\tau^M r)dr \tag{3-69}$$

其次，为实现这种贸易模式，均衡价格 $p^A(r)$、$p^M(r)$ 及地租 $R^*(r)$，必须分别满足 $p^A(r) = p^A\exp(-\tau^A r)$、$p^M(r) = p^M\exp(\tau^M r)$ 及 $R^*(r) = p^A(r) - w(r)$。因此，边界 r_b 处的农业工资为 $w^*(r_b) = p^A\exp(-\tau^A r_b)$。

最后，由于最终制造品部门的生产技术是规模报酬不变的，城市中最终制造

品部门的均衡条件意味着:

$$p^M = c^M \tag{3-70}$$

根据以上条件,结合方程（3-53）、方程（3-54）、方程（3-56）、方程（3-57）、方程（3-63）和方程（3-64）,可以求解对应系统得到所有的变量,而这些变量都可以表示成唯一未知量 r_b 的函数形式:

$$L^I = \alpha(L - 2r_b) \tag{3-71}$$

$$L^M = (1 - \alpha)(L - 2r_b) \tag{3-72}$$

$$p^A(r) = \exp[\mu(\tau^M + \tau^I)r_b]\exp(-\tau^I r) \tag{3-73}$$

$$p^M(r) = \kappa_3 \alpha^{-\frac{\alpha}{\sigma-1}}(L - 2r_b)^{-\frac{\alpha}{\sigma-1}}\exp(\tau^M r) \tag{3-74}$$

$$w^*(r) = \exp[\mu\tau^M - (1-\mu)\tau^A]r \tag{3-75}$$

$$P^I(r) = \left(\frac{\sigma f}{\alpha}\right)^{\frac{1}{\sigma-1}}(N - 2r_b)^{-\frac{1}{\sigma-1}}\exp(\tau^I r) \tag{3-76}$$

为得到 r_b,将方程（3-60）、方程（3-71）和方程（3-72）代入方程（3-70）,再利用 $p^A(r) = p^A\exp(-\tau^A r)$、$p^M(r) = p^M\exp(\tau^M r)$、方程（3-70）,则可以得到关系式:

$$L - 2r_b = \frac{2\mu}{1-\mu}\frac{1 - \exp(-\tau^A r_b)}{\tau^A}\exp[\mu(\tau^A + \tau^M)r_b] \tag{3-77}$$

将方程（3-73）和方程（3-74）代入到方程（3-53）,并利用方程（3-76）和方程（3-77）,可以得到:

$$\omega^* = k_2[1 - \exp(-\tau^A r_b)]^{\frac{\alpha\mu}{\sigma-1}}\exp\left\{\mu\left[\frac{\alpha\mu}{\rho} - (1-\mu(1-\alpha))\right]((\tau^A + \tau^M)r_b)\right\} \tag{3-78}$$

其中,$k_2 \equiv \alpha^{\frac{\alpha\mu}{\rho}}(1-\alpha)^{(1-\alpha)\mu}\rho^{\alpha\mu}\left[\frac{2\mu}{(1-\mu)\sigma f\tau^A}\right]^{\frac{\alpha\mu}{\sigma-1}}$。

用方程（3-74）代替 $p^M(r)$ 来求解方程（3-57）、方程（3-71）,并用方程（3-75）代替 $c^M(r)$,我们可以将方程（3-65）重写为: $\exp(\tau^M r) \leqslant \exp\{(1-\alpha)[\mu\tau^M - (1-\mu)\tau^A]r\}\exp(\alpha\tau^I r)$ 或者等价的 $\frac{(1-\alpha)(1-\mu)}{\alpha}\tau^A + \frac{1-\mu(1-\alpha)}{\alpha}\tau^M \leqslant \tau^I$。

利用方程（3-68）、方程（3-71）、方程（3-72）、方程（3-75）、方程

（3-76）和方程（3-77）求解市场潜力函数（3-67），从而得到 $\Omega(r) = \exp$ $\{-\sigma[\mu\tau^M - (1-\mu)\tau^A + \rho\tau^I]r\}$。因此有：均衡条件 $\Omega(r) \leq 1$ 成立，当且仅当 $(1-\mu)\tau^A - \mu\tau^M \leq \rho\tau^I$。

从而得到命题1：当且仅当运输成本 τ^A、τ^M 和 τ^I 满足如下两个条件时，一体化城市结构成为空间均衡：

$$\frac{(1-\alpha)(1-\mu)}{\alpha}\tau^A + \frac{1-\mu(1-\alpha)}{\alpha}\tau^M \leq \tau^I \tag{3-79}$$

$$\frac{1-\mu}{\rho}\tau^A + \frac{\mu}{\rho}\tau^M \leq \tau^I \tag{3-80}$$

从命题1可知，只有中间制造品的运输成本相对最终制造品足够高时，一体化城市结构才能成为空间均衡。这是因为，中间制造品的运输成本过高，一些最终制造品企业把生产区位选择在农业地区是无利可图的。最终制造品生产企业集聚在城市，就可享受城市中高度可达的中间制造品供给。两个制造业部门间的纵向关联产生了一种强大的空间集聚力量（藤田昌久等，2016）。

3. 专业化城市

本书接下来研究专业化城市。在这一情况下，中间制造品生产企业全部集聚在城市中，而最终制造品生产企业分散在各个区位上，为各个区位提供所需的最终制造品。城市向农业地区出口中间制造品（I），并从农业地区进口农产品。

在任何区位上最终制造品是自给自足的，这意味着：$X^M = Q^M$ 和 $X^M(r) = Q^M(r)$。

最终制造品的均衡价格由零利润条件决定：$p^M(r) = c^M(r)$。

农产品的均衡价格由 $p^A(r) = p^A\exp(-\tau^A r)$ 给出，而农业地区边界上的工资水平由 $w^*(r_b) = p^A\exp(-\tau^A r_b)$ 给出。

将上述条件和一体化城市结构空间均衡中所列的条件结合起来，从而将各变量写成唯一未知量 r_b 的函数：

$$L^I = \frac{2\alpha\mu}{1-\mu}[1-\exp(-\tau^A r_b)]\exp\left\{\frac{\alpha\mu(\tau^A+\tau^I)r_b}{1-\mu(1-\alpha)}\right\} \tag{3-81}$$

$$L^M = \frac{\mu(1-\alpha)}{1-\mu(1-\alpha)}L^I \tag{3-82}$$

$$L^M(r) = \frac{\mu(1-\alpha)}{1-\mu(1-\alpha)}\exp\left\{\frac{\alpha\mu(\tau^A+\tau^I)(r_b-1)}{1-\mu(1-\alpha)}\right\} \tag{3-83}$$

$$p^A(r) = \exp\left\{\frac{\alpha\mu(\tau^A + \tau^I)r_b}{1-\mu(1-\alpha)}\right\}\exp(-\tau^A r) \qquad (3-84)$$

$$p^M(r) = \kappa_3(L^I)^{-\frac{\alpha}{\sigma-1}}\exp\left\{\frac{[\alpha\tau^I - (1-\alpha)(1-\mu)\tau^A]r}{1-\mu(1-\alpha)}\right\} \qquad (3-85)$$

$$w^*(r) = \exp\left\{\frac{[\alpha\mu\tau^I - (1-\mu)\tau^A]r}{1-\mu(1-\alpha)}\right\} \qquad (3-86)$$

$$p^I(r) = \left(\frac{\sigma f}{L^I}\right)^{\frac{1}{\sigma-1}}\exp(\tau^A r) \qquad (3-87)$$

为得到r_b，我们将方程（3-82）、方程（3-83）和方程（3-86）代入劳动力市场出清条件（3-64），得到 $L - r_b = \dfrac{2\mu}{1-\mu+\alpha\mu}\left\{\dfrac{\alpha}{1-\mu}\dfrac{1-\exp(-\tau^A r)}{\tau^A} + \right.$ $\left.(1-\alpha)\dfrac{1-\exp(-\varphi r_b)}{\varphi}\right\}\exp(\varphi r_b)$，其中，$\varphi \equiv \dfrac{\alpha\mu(\tau^A + \tau^I)}{1-\mu(1-\alpha)}$。

只有满足以下两个条件，才能使专业化城市结构成为一种空间均衡：

第一，当且仅当最终制造品均衡价格的变化率小于该最终制造品的运输成本

即$\dfrac{\left|\dfrac{\mathrm{d}p^M(r)}{\mathrm{d}r}\right|}{p^M(r)} \leqslant \tau^M$时，才能使最终制造品的无贸易假设成立。

结合方程（3-85），上述条件可转化为：$\dfrac{|\alpha\tau^I - (1-\alpha)(1-\mu)\tau^A|}{1-\mu(1-\alpha)} \leqslant \tau^M$，

或者，$\dfrac{(1-\alpha)(1-\mu)}{\alpha}\tau^A - \dfrac{1-\mu(1-\alpha)}{\alpha}\tau^M \leqslant \tau^I \leqslant \dfrac{(1-\alpha)(1-\mu)}{\alpha}\tau^A +$

$\dfrac{1-\mu(1-\alpha)}{\alpha}\tau^M$。

第二，中间制造品（I）生产企业的市场潜力函数不能大于1。将方程（3-81）、方程（3-82）、方程（3-83）和方程（3-86）代入方程（3-67），我们可以得到中间制造品企业的市场潜力函数表达式为：$\Omega(r) = \dfrac{\alpha\mu}{1-\mu(1-\alpha)}\exp$

$$\left\{-\sigma\left[\frac{\alpha\mu\tau^I - (1-\mu)\tau^A}{1-\mu(1-\alpha)}\right]r\right\} \cdot \left\{\begin{array}{l}\exp[-(\sigma-1)\tau^I r] + \dfrac{2(1-\mu)\tau^A}{\alpha\mu[1-\exp(-\tau^A r_b)]} \\ \displaystyle\int_0^{r_b}\exp[-\tau^A|s| - (\sigma-1)\tau^I(|r-s| - |s|)]\mathrm{d}s\end{array}\right\}$$

将上述表达式重写为：

$$\Omega(r) = \exp(-\lambda r) \left\{ \begin{matrix} 1 + \dfrac{(1-\mu)(\sigma-1)\tau^I}{1-\mu(1-\alpha)} \int_0^r \exp[2(\sigma-1)\tau^I s] \cdot \\ \left[1 - \dfrac{1-\exp(-\tau^A s)}{1-\exp(-\tau^A r_b)} \right] \mathrm{d}s \end{matrix} \right\} \quad (3-88)$$

其中，$\lambda \equiv \dfrac{\sigma\{[\alpha\mu+\rho(1-\mu(1-\alpha))]\tau^I - (1-\mu)\tau^A\}}{1-\mu(1-\alpha)}$。

分析中间制造品（I）生产企业的选址。首先，因为 $\Omega'(r) = \dfrac{\sigma[(1-\mu)\tau^A - \alpha\mu(1+\rho)\tau^I]}{1-\mu(1-\alpha)}$，原点附近斜率非正的条件为：$\dfrac{1-\mu}{\alpha\mu(1+\rho)}\tau^A \leqslant \tau^I$。

其次，结合当 $r_b \to \infty$ 时的极限市场潜力函数曲线 $\overline{\Omega}(r)$，可以证明：当 $\rho \leqslant \dfrac{\alpha\mu}{1-\mu(1-\alpha)}$ 时，只要 r_b 为正值，对于任意 r 都有 $\Omega(r) < 1$。与之相反，当 $\rho > \dfrac{\alpha\mu}{1-\mu(1-\alpha)}$ 时，市场潜力函数曲线表现出与一体化城市结构空间均衡一样的模式。这意味着存在一个临界值 $\hat{L}$，使市场潜力函数在某一特定点 $\hat{r}$ 刚好等于1。因此，如果 $L > \hat{L}$，则必然存在一个充分大的 r，使 $\Omega(r) > 1$，此时，专业化城市结构不再是一个空间均衡。

从而得到命题2：为使专业化城市结构成为一个空间均衡，必须有：

$$\dfrac{(1-\alpha)(1-\mu)}{\alpha}\tau^A - \dfrac{1-\mu(1-\alpha)}{\alpha}\tau^M \leqslant \tau^I \leqslant \dfrac{(1-\alpha)(1-\mu)}{\alpha}\tau^A + \dfrac{1-\mu(1-\alpha)}{\alpha}\tau^M$$
$$(3-89)$$

以及 $(1-\mu)\tau^A \leqslant [1-\mu(1-\alpha)]\tau^I$ \qquad (3-90)

（1）如果方程（3-89）和方程（3-90）成立，并且

$$\rho \leqslant \dfrac{\alpha\mu}{1-\mu(1-\alpha)} \qquad (3-91)$$

那么，在任意人口规模条件下，专业化城市结构成为空间均衡。

（2）如果方程（3-89）和方程（3-90）成立，并且

$$\rho > \dfrac{\alpha\mu}{1-\mu(1-\alpha)} \qquad (3-92)$$

那么，一个人口规模阈值 $\hat{L}$，使得当 $L \leqslant \hat{L}$ 时，专业化城市结构成为空间均衡；而当 $L > \hat{L}$ 时，它不能成为空间均衡。

由此可知，当中间制造品的运输成本相对最终制造品足够低时，专业化城市结构成为一种空间均衡。然而，中间制造品的运输成本也不能太低，否则中间制

造品的生产企业将会因为农业地区的工资优势而离开城市。如果不同中间制造品的替代性较强，那么，只有当人口规模还不是很大时，专业化城市结构才能达到空间均衡。此外，在专业化城市结构成为空间均衡的情况下，人口规模的增长将会导致新城市的产生。

在现实的都市圈中，随着交通基础设施改进和核心城市规模不断壮大，不但逐步降低了商品的运输成本，在核心城市的生产成本也不断高涨，从而迫使那些需要中间制造品投入的制造业企业也在逐渐从核心城市向生产成本更低的外围城市迁移，核心城市专业化于中间制造品生产与外围城市专业化于最终制造品生产之间的分工逐渐形成，都市圈产业分工开始深化和多样化。

二、通信成本、中间服务品供求空间分离与都市圈产业分工深化

在通信成本较高的情况下，中间服务品生产企业与其服务对象制造品生产企业共同集聚在都市圈核心城市。因为在通信技术较为落后的情况下，中间服务品的供给对面对面接触的要求非常高，如果中间服务品生产企业与其服务对象制造品生产企业分布在不同的城市，则中间服务品的面对面供求将会增加难以承受的交通成本，从而增加了制造品生产企业的总成本。随着通信技术进步及应用，都市圈核心城市与外围城市之间的通信成本不断降低，为了降低生产成本，那些需要中间服务品投入的制造业企业和大企业制造部门也开始从核心城市向外围城市迁移，从而实现了中间服务品生产与制造品生产之间的空间分离，但要承担通信成本。对于迁移到外围城市的制造品生产企业来说，节约的生产成本要远高于增加的通信成本。借鉴藤田昌久和蒂斯（2016）的研究方法，以多部门企业能够进行跨地区布局为前提假设条件，以迪克西特—斯蒂格利茨的规模收益递增模型（Dixit–Stiglitz Model，D–S）为基础，通过理论模型演绎考察在通信成本降低的条件下，都市圈产业分工是如何进一步深化的。

1. 模型框架

假设经济体中存在两个区域：区域 1 和区域 2、两种生产要素：技术工人和普通工人，且工人数量给定。技术工人在区域间可以完全地流动，但普通工人不能流动。经济体中有两类产业：现代产业 M 和传统产业 T。M 产业使用规模收益递增的技术生产连续种类的水平差异化产品。M 产业的每一种产品仅由单一企业同时使用技术工人和普通工人生产。特别地，每一个企业包括两个部门：上游服务部门和下游制造部门。企业上游服务部门是威廉姆森式的企业专属资产，使用

技术工人为下游制造部门提供服务产品；下游制造部门使用上游服务部门提供的服务产品和普通劳动力生产特定种类的消费产品。企业的上游服务部门与下游制造部门不必然布局在一起。T 产业仅使用普通劳动力生产同质性的消费产品，且所使用的生产技术是规模收益不变的。

所有工人的偏好是相同的，其效用函数是柯布—道格拉斯式的：

$$U = \frac{Q^{\alpha} A^{1-\alpha}}{\alpha^{\alpha}(1-\alpha)^{1-\alpha}}, \ 0 < \alpha < 1 \tag{3-93}$$

其中，Q 表示现代产业差异化产品的消费量指数，A 表示传统产业产品的消费量。因为现代产业生产连续的差异化产品数量 m，所以消费量指数 Q 为：

$$Q = \left[\int_0^m q(i)^{\rho} \mathrm{d}i \right]^{\frac{1}{\rho}}, 0 < \rho < 1 \tag{3-94}$$

其中，$q(i)$ 表示 i 种现代产业产品的消费量，$i \in [0, m]$。方程（3-94）中的参数 ρ 表示工人对差异化产品种类偏好的厌恶程度。当 ρ 接近于 1 时，不同种类的差异化产品接近于完全替代；随着 ρ 减小，工人消费所有种类差异化产品的欲望增强。设定 $\sigma = (1-\rho)^{-1}$，表示任意两种产品间的替代弹性，其值在 1 到 ∞ 之间。因为所有企业是连续的，所以每一个企业可以被忽略不计，虽然任意两个企业互不影响，但总体市场条件可以影响每一个企业。

如果消费者的收入为 Y，传统产业的产品价格为 p^T，现代产业的 i 种产品价格为 $p(i)$，那么传统产业同质产品和现代产业差异化产品的需求函数分别为：

$$A = \frac{(1-\alpha)Y}{p^T} \tag{3-95}$$

$$q(i) = \frac{\mu Y}{p(i)} \frac{p(i)^{-(\sigma-1)}}{P^{-(\sigma-1)}} = \mu Y p(i)^{-\sigma} P^{\sigma-1}, \ i \in [0, m] \tag{3-96}$$

其中，P 表示现代产业差异化产品的价格指数，即：

$$P = \left[\int_0^m p(i)^{-(\sigma-1)} \mathrm{d}i \right]^{-\frac{1}{\sigma-1}} \tag{3-97}$$

把方程（3-95）和方程（3-96）代入方程（3-93）和方程（3-94），得到间接效用函数为：

$$V = Y P^{-\alpha} (p^T)^{-(1-\alpha)} \tag{3-98}$$

通常假定两种产业的生产技术是不同的。传统产业的生产技术是 1 单位产出需要投入 $a_j \geq 1$ 单位的普通劳动力，$j=1$ 或 2。不失一般性，设 $a_1 = 1$，$a_2 \geq 1$，即在业中，区域 1 普通工人的劳动生产率比区域 2 普通工人的劳动生产率高。假定区域 1 和区域 2 的普通工人的数量分别为 L_1 和 L_2。为了保留两个区域间对称性的标准假设，我们让两个区域普通工人的有效劳动力数量相等，都为 $L/2$，有：

$$L_1 = \frac{L_2}{a_2} = \frac{L}{2} \tag{3-99}$$

假定传统产业 T 产品的区域间贸易无成本，意味着 T 产品在两个区域的价格是相等的。将 T 产品确定为计价物，则 $p^T = 1$。进一步假定 T 产品的支出份额 $(1-\mu)$ 相对于两个区域 T 产品的产出足够大。这样的话，普通工人的均衡工资分别为：

$$w_1 = 1, \ w_2 = \frac{1}{a_2} \leqslant 1 \tag{3-100}$$

方程（3-100）意味着两个区域普通工人的给定工资是不同的。因此，要素价格差异也许可以解释企业垂直型的空间分散化布局行为。然而，要素价格差异并不是企业空间分散化布局的唯一原因。

现代产业 M 涉及更多的是技术。正如上面提到的，每一个 M 企业包括上游服务部门和下游制造部门，两个部门可能是空间分开的。企业上游服务部门需要投入固定数量 f 的技术劳动力。每一个企业有一个上游服务部门，且技术工人仅为上游服务部门使用，因此经济体中的企业数量 n 给定，即 $n = S/f$，其中 S 表示技术工人的总数。

当任意一个企业的上游服务部门位于区域 1，而其下游制造部门位于区域 j 时，其生产特定种类产品 i 的数量 $q(i)$ 需要 $l(i)$ 单位的普通劳动力，有 $l_{1j}(i) = \varphi_{1j} q(i)$，$j = 1, 2$。其中，$\varphi_{1j} > 0$ 表示企业下游制造部门的边际劳动力需求。随着企业上游服务部门的服务效率的提高，φ_{1j} 的值则减小。这源于以下两个因素：第一，企业上游服务部门在同一个区域的集聚会产生马歇尔外部性（Davis 和 Henderson，2004）。这意味着 φ_{1j} 会因为区域 1 中企业上游服务部门数量的增多而减小。第二，企业的上游服务部门与下游制造部门之间的距离对企业上游服务部门的服务效率存在消极影响。因为相关的信息不能进行编码，或者企业下游制造部门所在区位的环境存在更多的不确定性，这些都有可能影响到远距离的生产活动。这意味着更高的协调成本，即企业的上游服务部门与下游制造部门之间更高的通信成本。此外，正如 Grossman 和 Helpman（2004）认定的，当企业的下游制造部门与上游服务部门布局在一起时，对下游制造部门管理者的监控更为容易。这样的话，通信成本也许可以被看作付给企业下游制造部门管理者的信息租金的简化形式。

更确切地说，设定 $\varphi(n)$ 是 n 的减函数，且 $\varphi(\infty)>0$。那么，当企业的上游服务部门与下游制造部门都布局在区域 1 时，有 $\varphi_{11}=n_1^{-\varepsilon}$。然而，当企业的上游服务部门布局在区域 1，而下游制造部门布局在区域 2 时，有 $\varphi_{12}=n_1^{-\varepsilon}\tau_c$。其中，$\tau_c>1$ 用来测度当企业的上游服务部门与下游制造部门空间分散布局时，企业内部存在沟通障碍。当信息传输不易被编码时，τ_c 是很大的。τ_c 也会因为远距离商业行为的不确定性增加而提高。

因此，当企业的上游服务部门与下游制造部门都布局在区域 1 时，其下游制造部门对普通工人的需求函数为 $l_{11}(i)=n_1^{-\varepsilon}q(i)$。相应地，当企业上游服务部门布局在区域 1，而其上游制造部门布局在区域 2 时，企业下游制造部门对普通工人的需求函数则为 $l_{12}(i)=n_1^{-\varepsilon}\tau_c q(i)$。这里存在两种含义：第一，当企业的下游制造部门与上游服务部门分开布局时，效率较低，需要更多的区位投入。所以企业的上游服务部门与下游制造部门在空间上的分离会产生企业的额外成本，其随着新的通信技术的开发及应用而降低。第二，与企业上游服务部门的服务水平相同，普通工人一旦进入现代产业的企业工作，其生产率是相同的。这是因为无论企业下游制造部门布局在哪里，企业都能够使用同样的方式来组织生产。进一步，由于两个区域都存在完全竞争性的传统产业，于是普通工人的名义工资不受企业下游制造部门区位变化的影响。但这对普通工人的实际工资就不适用了。

设定 M 产业产品的运输成本是正的，且符合萨缪尔森式的冰山技术：当 1 单位的差异化产品从一个区域运到另一个区域时，仅 $\dfrac{1}{\tau_M}$ 部分产品到达目的地，且 $\tau_M>1$。但在同一个区域内，差异化产品的运输是无成本的。因此，在某一个区域生产的差异化产品 i，在本区域的价格为 $p(i)$，在另一个区域的价格则为 $p(i)\tau_M$。

假定区域 1 技术工人的工资为 w_1^s。那么，利用方程（3 - 99）和方程（3 - 100），区域 1 和区域 2 的总收入分别为：

$$Y_1=m_1 f w_1^s+\frac{L}{2}=S w_1^s+\frac{L}{2},\ Y_2=\frac{L}{2} \tag{3-101}$$

使用方程（3 - 96），对区域 1 和区域 2 差异化产品 i 的总需求 $q_1(i)$ 和 $q_2(i)$ 分别为：

$$q_1(i)=\alpha Y_1 p_1(i)^{-\sigma}P_1^{\sigma-1}+\alpha Y_2[p_1(i)\tau_M]^{-\sigma}P_2^{\sigma-1}\tau_M \tag{3-102}$$

$$q_2(i) = \alpha Y_2 p_2(i)^{-\sigma} P_2^{\sigma-1} + \alpha Y_1 [p_2(i)\tau_M]^{-\sigma} P_1^{\sigma-1} \tau_M \qquad (3-103)$$

其中，P_1 和 P_2 分别表示区域 1 和区域 2 内差异化产品的价格指数。

企业是连续的，每个企业的行为对市场的影响可以忽略不计。因此，当选择价格时，区域 1 或区域 2 内一个企业的决策行为对两个价格指数 P_1 和 P_2 不产生影响。此外，因为企业销售差异化产品，每一个企业都有垄断力量，而面对需求函数方程（3 - 102）或方程（3 - 103）。假定 n_{11} 为上游服务部门和下游制造部门都布局在区域 1 的企业数量，为 M_{11} 型企业；n_{12} 为上游服务部门布局在区域 1 而下游制造部门布局在区域 2 的企业数量，为 M_{12} 型企业。M_{11} 型企业的利润为 $\pi_{11}(i) = p_1(i)q_1(i) - w_1^s f - w_1 l_{11}(i) = p_1(i)q_1(i) - w_1^s f - w_1 n_1^{-\varepsilon} q_1(i)$。

因此，M_{11} 型企业 i 产品的均衡价格为：

$$p_1^*(i) = \frac{w_1 n_1^{-\varepsilon}}{\rho}, \quad i \in M_{11} \qquad (3-104)$$

相似地，M_{12} 型企业的利润为 $\pi_{12}(i) = p_2(i)q_2(i) - w_1^s f - w_2 l_{12}(i) = p_2(i)q_2(i) - w_1^s f - w_2 n_1^{-\varepsilon} \tau_c q_2(i)$。

因此，M_{12} 型企业 i 产品的均衡价格为：

$$p_2^*(i) = \frac{w_2 n_1^{-\varepsilon} \tau_c}{\rho}, \quad i \in M_{12} \qquad (3-105)$$

比较方程（3 - 104）与方程（3 - 105），发现两个区域均衡价格的不同不仅是由于普通工人的工资差异，而且是由于当企业把下游制造部门布局到区域 2 时，企业上游服务部门提供服务而必然产生较高的通信成本。

使用方程（3 - 97）、方程（3 - 99）和方程（3 - 100），我们得到区域 1 和区域 2 的价格指数分别为：

$$P_1 = \left[m_{11} \left(\frac{w_1 n_1^{-\varepsilon}}{\rho} \right)^{-(\sigma-1)} + \tau_M^{-(\sigma-1)} m_{12} \left(\frac{w_2 n_1^{-\varepsilon} \tau_c}{\rho} \right)^{-(\sigma-1)} \right]^{-\frac{1}{\sigma-1}}$$

$$P_2 = \left[\tau_M^{-(\sigma-1)} m_{11} \left(\frac{w_1 n_1^{-\varepsilon}}{\rho} \right)^{-(\sigma-1)} + m_{12} \left(\frac{w_2 n_1^{-\varepsilon} \tau_c}{\rho} \right)^{-(\sigma-1)} \right]^{-\frac{1}{\sigma-1}}$$

由于 $n_1 = n_{11} + n_{12} = n$，令 $\mu = n_{11}/n_1$，$\varnothing_M = \tau_M^{-(\sigma-1)}$，$\varnothing_c = (\tau_c/a_2)^{-(\sigma-1)}$，则：

$$P_1 = \frac{\sigma}{\sigma-1} n_1^{-\varepsilon} n^{-\frac{1}{\sigma-1}} [\mu + (1-\mu)\varphi_M \varphi_c]^{-\frac{1}{\sigma-1}} \qquad (3-106)$$

$$P_2 = \frac{\sigma}{\sigma-1} n_1^{-\varepsilon} n^{-\frac{1}{\sigma-1}} [\mu \varphi_M + (1-\mu)\varphi_c]^{-\frac{1}{\sigma-1}} \qquad (3-107)$$

而均衡时，区域 1 和区域 2 的利润分别为：

$$\pi_{11}^* = \frac{\alpha f}{\sigma s}\left[\frac{s\,w_1^s + \frac{L}{2}}{\mu + (1-\mu)\varphi_M\varphi_c} + \frac{\frac{L}{2}}{\mu + (1-\mu)\varphi_M^{-1}\varphi_c}\right] - w_1^s f \qquad (3-108)$$

$$\pi_{12}^* = \frac{\alpha f}{\sigma s}\left[\frac{s\,w_1^s + \frac{L}{2}}{\mu\,\varphi_M^{-1}\varphi_c^{-1} + (1-\mu)} + \frac{\frac{L}{2}}{\mu\,\varphi_M\varphi_c^{-1} + (1-\mu)}\right] - w_1^s f \qquad (3-109)$$

从前面的假设可知，μ 表示企业的上游服务部门和下游制造部门都布局在区域 1 的企业类型占经济体中企业数量的份额，并称这类企业为一体化企业；而 $1-\mu$ 则表示企业的上游服务部门布局在区域 1 而下游制造部门布局在区域 2 的企业类型份额，称这类企业为分散化企业。当 μ 等于 0 时，表示经济体中所有的企业都是分散化企业；当 μ 等于 1 时，表示经济体中所有的企业都是一体化企业；当 $0 < \mu < 1$ 时，表示一部分企业是一体化企业，另一部分是分散化企业。

2. 空间均衡

考虑 $0 < \mu < 1$ 的情况，当经济体中企业的空间分布实现均衡布局时，两种企业的利润是一样的，且都等于 0，即 $\pi_{11}^* = \pi_{12}^* = 0$。由 $\pi_{11}^* = 0$，得到区域技术工人的工资为：

$$w_1^s = \frac{\alpha L}{\sigma S}\frac{\mu + \frac{(1-\mu)}{2}\varnothing_c(\varnothing_M - \varnothing_M^{-1})}{\left[\mu + (1-\mu)\varnothing_M^{-1}\varnothing_c\right]\left[\mu + (1-\mu)\varnothing_M\varnothing_c - \frac{\alpha}{\sigma}\right]} \qquad (3-110)$$

由 $\pi_{11}^* = \pi_{12}^*$，得到：

$$1 + \frac{2S\,w_1^s}{L} = \frac{(\varnothing_M^{-1}\varnothing_c - 1)\left[\mu + (1-\mu)\varnothing_M\varnothing_c\right]}{(1 - \varnothing_M\varnothing_c)\left[\mu + (1-\mu)\varnothing_M^{-1}\varnothing_c\right]} \qquad (3-111)$$

把方程（3-110）代入方程（3-111），得到经济体中一体化企业的份额 μ 为：

$$\mu\,(\varnothing_M,\ \varnothing_c) \equiv \frac{\dfrac{1-\dfrac{\alpha}{\sigma}}{2}\varnothing_M + \dfrac{1+\dfrac{\alpha}{\sigma}}{2}\varnothing_M^{-1} - \varnothing_c}{\varnothing_M^{-1} - \varnothing_M - \varnothing_c^{-1} - \varnothing_c} \qquad (3-112)$$

方程（3-112）等号右边的分母不能等于 0，即要求有 $\varnothing_M \neq \varnothing_c$ 且 $\varnothing_M\varnothing_c \neq 1$。由方程（3-112）可知，经济体中一体化企业的份额大小由运输成本相应的参数 $\varnothing_M$ 和通信成本相应的参数 $\varnothing_c$ 共同决定的。对于任意的 $0 < \varnothing_M < 1$，$\mu\,(\varnothing_M,\ \varnothing_c)$

是 $\varnothing_c$ 的严格减函数，又是 $\varnothing_c\left(\tau_c,\ a_2\right)$ 是 τ_c 的严格减函数。随着通信成本的降低，经济体中一体化企业的份额将降低，即会有更多的企业把下游制造部门布局在区域 2。此外，$\varnothing_c\left(\tau_c,\ a_2\right)$ 是 a_2 的严格增函数，所以区域 2 与区域 1 的劳动生产率差距越大，经济体中一体化企业的份额越小，即选择把下游制造部门布局在区域 2 的企业越多。

令 $\mu\left(\varnothing_c,\ \varnothing_M\right)=\mu$，且 $\mu\in[0,\ 1]$，则由方程（3 – 112）得到：

$$\varnothing_c(\varnothing_M;\ \mu)=\frac{\Delta(\varnothing_M;\ \mu)+\sqrt{\Delta^2(\varnothing_M;\ \mu)+4\mu(1-\mu)}}{2(1-\mu)},\ \text{对于任意的}\mu\in[0,\ 1]$$

（3 – 113）

其中，$\Delta\left(\varnothing_M;\ \mu\right)=\left(\dfrac{1-\dfrac{\alpha}{\sigma}}{2}-\mu\right)\varnothing_M+\left(\dfrac{1+\dfrac{\alpha}{\sigma}}{2}-\mu\right)\varnothing_M^{-1}$ （3 – 114）

当 $\mu=1$ 时，即经济体中所有的企业都是一体化企业时，由方程（3 – 112）得到：

$$\varnothing_c(\varnothing_M;\ 1)=\left(\frac{1+\dfrac{\alpha}{\sigma}}{2}\varnothing_M+\frac{1-\dfrac{\alpha}{\sigma}}{2}\varnothing_M^{-1}\right)^{-1}$$

（3 – 115）

当 $\mu=0$ 时，即经济体中所有的企业都是分散化企业时，由方程（3 – 112）得到：

$$\varnothing_c(\varnothing_M;\ 0)=\frac{1-\dfrac{\alpha}{\sigma}}{2}\varnothing_M+\frac{1+\dfrac{\alpha}{\sigma}}{2}\varnothing_M^{-1}$$

（3 – 116）

由方程（3 – 113）、方程（3 – 115）和方程（3 – 116），绘出经济体中企业在运输成本和通信成本不同情况下的空间布局策略（见图 3 – 12）。当 $\varnothing_c(\varnothing_M;\ \mu)\geqslant\varnothing_c(\varnothing_M;\ 0)$ 时，所有企业都是分散化企业，否则企业的利润为负；当 $\varnothing_c(\varnothing_M;\ \mu)\leqslant\varnothing_c(\varnothing_M;\ 1)$ 时，所有企业都是一体化企业，否则企业的利润为负；当 $\varnothing_c(\varnothing_M;\ 1)\leqslant\varnothing_c(\varnothing_M;\ \mu)\leqslant\varnothing_c(\varnothing_M;\ 0)$ 时，一体化企业的份额为 μ，分散化企业的份额为 $1-\mu$，空间均衡时所有企业都是零利润。

根据上面的理论分析，当通信成本很高时，经济体的"中心—外围"结构是稳定的，现代产业的所有企业和工人都聚集在唯一的城市中，传统产业分布在农业地区。如果产生通信方面的技术进步，则通信成本就会下降。由于城市与农业地区之间存在工资差异，当通信成本的降低幅度足够大时，就会触发部分企业

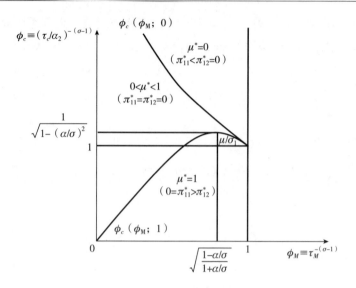

图 3 – 12   企业在运输成本和通信成本不同情况下的空间布局策略

资料来源：Fujita M. , and Thisse J. – F. "Globalization and the evolution of the supply chain：Who gains and who loses?", *International Economic Review*, 2006（47）.

把生产制造部门从城市转移到农业地区，从而降低生产成本。如果通信成本能够持续下降，就会有越来越多的企业实现上游服务部门与下游制造部门之间的空间分散布局，直至所有企业的生产制造部门都布局在农业地区（见图 3 – 13）。在这一过程中，城市中的生产制造部门逐渐减少，上游服务部门和技术工人的比重越来越高。此外，为了节约贸易成本，转移到农业地区的生产制造部门也会集聚在一起，发展成为一个新的城市。

回到现实中的都市圈，随着核心城市的进一步发展壮大，土地、劳动力、资源、能源、空间等要素的价格进一步高涨，那些需要中间服务品投入的制造业企业和大企业生产制造部门也开始难以承受生产成本上升的压力。随着通信技术的进步及应用，通信成本不断降低，一些需要中间服务品投入的单体制造业企业率最先开始迁离核心城市，向外围城市转移。而对于大企业来说，因为中间服务品由企业内部提供，成本较低，所以对核心城市中要素成本上涨具有更强的承受力。随着核心城市中生产成本的进一步提高，一些大企业也开始把大量使用土地、劳动力、资源、能源、空间等要素的生产制造部门迁离核心城市，布局到生产成本较低的外围城市，而把总部管理、研发、设计、投融资、营销、售后等使用高

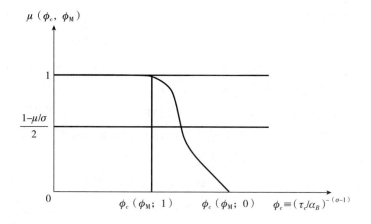

图3-13　通信成本的持续下降对企业生产制造部门空间布局的影响

资料来源：藤田昌久、雅克—弗朗斯瓦·蒂斯：《集聚经济学：城市、产业区位与全球化》（第二版），石敏俊等译，曾道智校，格致出版社、上海三联书店、上海人民出版社2016年版。

素质人才、集约使用土地和空间的服务部门留在核心城市。这样一来，无论是单体制造业企业，还是大企业生产制造部门，都要承担获取中间服务品带来的通信成本。在都市圈内，核心城市中那些需要中间服务品投入的单体制造业企业和大企业生产制造部门向外围城市迁移的程度取决于他们对降低生产成本与增加通信成本之间的权衡折中。那些需要中间服务品投入的单体制造业企业和大企业生产制造部门从核心城市向外围城市的迁移形成了都市圈核心城市专业化于中间服务品生产与外围城市专业化于制造品生产之间新的分工形式，进一步促进了都市圈产业分工的深化和多样化。

第五节　本章结论

都市圈是由大都市对周边地区和城市的辐射带动而发展形成的。大都市人口规模巨大，居民收入水平高，对周边地区和城市产品旺盛的消费需求所形成的辐射带动作用自不必说。随着经济社会发展水平的提高，大都市持续推进产业结构优化升级，较低附加值的产业尤其是制造业不断向周边城市转移，从而促进了周边城市的经济发展，以大都市为核心的都市圈就开始形成了。因为交通技术进步及应用，都市圈交通基础设施得到明显改善，这些转移出去的制造业企业并不会放弃大都市巨大而又旺盛的消费市场，从而形成了核心城市与外围城市之间的市场联系，同时也形成了核心城市高附加值制造业与外围城市低附加值制造业之间的水平分工。随着交通技术进步和交通基础设施改善，核心城市里那些需要中间制造品投入的制造业企业也开始向外围城市转移，核心城市与外围城市之间逐渐形成中间制造品供给方与需求方的制造产业链上下游垂直分工，使都市圈产业分工开始深化，产业联系出现并不断强化。其实，任意一个企业生产最终用于消费的制造品不仅需要投入中间制造品，而且需要投入中间服务品。随着通信技术进步及应用，都市圈核心城市中间服务业企业为外围城市制造业企业提供中间服务品越来越便捷和有效，大大促进了核心城市产业尤其是制造业向外围城市的新一轮转移，不仅进一步促进了外围城市的经济发展，而且推动了外围城市的产业结构升级和转型；反过来又产生了大量的中间服务需求，为大都市生产性服务业进一步发展提供了强劲的动力，从而形成核心城市生产性服务业与外围城市制造业之间生产性服务品供给方和需求方的全产业链上下游垂直分工，使都市圈产业分工进一步深化，产业联系也得到进一步强化。本章首先运用新兴古典经济学理论演绎了城市和企业是如何在交易成本降低的条件下从劳动分工中产生的，其次运用新经济地理学理论演绎了在贸易成本降低情况下都市圈形成的微观机理，最后运用新经济地理学理论分别演绎了在交通和通信技术进步及应用即运输成本和通信成本降低的情况下都市圈产业分工深化的微观机理。

第四章　我国都市圈的界定方法和发展态势

第一节　引　言

　　随着经济全球化和区域经济一体化的快速推进，各种生产要素和产业加速在区域内、国家内、地区内乃至全球范围内流动、扩散和迁移，使城市空间形态和区域城镇体系加速变化、城镇化进程加快推进（宁越敏，2011），信息化则使这种流动、扩散、迁移和变化更加迅速、剧烈和深化，也使城市间的经济社会联系更加紧密和频繁，带来了都市圈在世界各国和地区的发达地区大量出现。都市圈是以大都市为核心，通过扩散辐射效应与周边地区发生相互作用的产物，其范围是大都市与周边城市相互联系和合作的区域，大都市与周边城市的关系是产业协作和功能分工的关系，也是产业分工协作圈。

　　改革开放以来，我国经济社会快速发展，工业化和城镇化进程快速推进，大量农业转移人口由农村地区向城市和城镇快速集中，城市规模随之快速扩大。2018年，我国城镇化率由1978年的17.9%快速提高到59.6%，人口规模超千万的城市达到5个，第一大城市上海的人口规模接近2500万人。随着人口规模的不断扩大，大城市对周边地区的经济辐射作用逐渐增强，经济社会联系逐渐密切，都市圈在我国经济社会较发达地区大量涌现。

　　《国家新型城镇化规划（2014－2020）》明确提出，特大城市要适当向外疏解功能尤其是经济功能，要把劳动密集型产业转移到周边地区去，在基础设施、公共服务等方面与周边城市和城镇加强共享共建，重点在周边一小时交通圈区域内培育形成通勤高效、一体发展的都市圈。《关于培育发展现代化都市圈的指导意见》提出："到2022年梯次形成若干空间结构清晰、城市功能互补、要素流动有序、产业分工协调、交通往来顺畅、公共服务均衡、环境和谐宜居的现代化都市圈，到2035年形成若干具有全球影响力的都市圈"，并提出探索编制都市圈发展规划或重点领域专项规划。都市圈是未来我国城镇空间格局中的重要形态，也是城市群形成和发展过程中的重要一环，在我国推进新型城镇化过程中起着承上启下的重要作用。因此，运用科学方法对我国大都市和都市圈发展的数量、规模、特征等问题进行深入而又系统的研究对于我国编制都市圈规划和促进都市圈高质量发展都具有重要的现实意义和参考价值。

第二节　我国大都市的界定和发展

都市圈是指以大都市为核心，以大都市的辐射距离为半径，所形成的功能互补、分工合作、经济联系比较紧密的区域。大都市是都市圈出现或形成的前提和基础，也就是说，没有发展出大都市的地区，就不可能形成或出现都市圈。那么，大都市是指多大规模的城市呢？换句话说，多大规模的城市才能被称为大都市。在西方的理论研究中，英文词汇"metropolis"被用来描绘"大都市"这一经济地理现象，是指一个大型的、大面积的城市地区，不仅在经济、政治、文化等方面承担着一个国家或区域的中心功能，而且往往是经济全球化背景下一个国家或区域与世界其他国家和地区发生和发展国际交往和经济联系的重要中心（刘士林，2012）。城市规模一般用人口来衡量。对大都市来说，并没有一个明确的人口标准界定。美国提出的都市区概念和日本提出的都市圈概念都是以人口规模10万人的中心城市为核心，意味着在美国和日本的语境下，人口规模10万人以上的城市可称为大都市。我国的人口众多、密度大，城市的人口规模普遍超过10万人，许多镇的人口规模都可能超过10万人，但城市经济社会发展水平普遍较低。因此，我国大都市的人口规模界定标准要比美日高很多。阎小培等（2000）认为，大都市是指市区非农业人口在100万人以上的城市。较多研究者认为，大都市的人口规模要在200万人以上（易承志，2013，2014）。本书认为，在我国的语境下，大都市是指超大城市、特大城市和辐射带动功能强的大城市。

根据国务院（2014 年）划分城市人口规模的新标准，把城区常住人口在 1000 万人以上的城市称为超大城市，把城区常住人口在 500 万至 1000 万人之间的城市称为特大城市，把城区常住人口在 100 万到 500 万人之间的城市称为大城市。首先，把人口规模超过 500 万人的特大城市和超大城市称为大都市应该是无异议的。然而，多大规模的大城市才能算得上辐射带动功能强呢？单纯从人口规模标准是很难判断一个大城市是否具有较强的辐射带动功能。城市规模划分新标准还把大城市划分为两个类型：城区常住人口在 300 万到 500 万人之间的城市被称为Ⅰ型大城市，城区常住人口在 100 万到 300 万人之间的城市被称为Ⅱ型大城市。考虑到我国城市经济社会发展水平普遍较低的现实背景，本书把界定大都市人口规模标准的底线提高到 300 万人，即把城区常住人口在 300 万人以上的城市称为大都市，包括超大城市、特大城市和Ⅰ型大城市。

目前，我国没有城市城区常住人口的统计数据，需要通过其他途径来获取。《中国城市建设统计年鉴》提供了我国各城市城区人口和暂住人口的年度统计数据，其中，有的城市的城区人口包括城区户籍人口和暂住人口，如上海、北京等城市，而有的城市的城区人口仅包括城区户籍人口。因此，可以通过城区人口与暂住人口相加的方式来代替各城市的城区常住人口数据[①]。2016 年，我国共有 27 个城区常住人口在 300 万人以上的城市，即形成了 27 个人口规模在 300 万人以上的大都市，包括超大城市 5 个，分别是上海、北京、重庆、广州和深圳；特大城市 8 个，分别是天津、武汉、成都、东莞、南京、郑州、杭州和沈阳；Ⅰ型大城市 14 个，如表 4 - 1 所示。

表 4 - 1　2016 年我国大都市的数量和规模

城市规模等级	城市名称	城区人口 （万人）	城区暂住人口[②] （万人）	城区常住人口 （万人）
超大城市	上海	2419.70	—	2419.70
	北京	1879.60	—	1879.60

---

① 无论是户籍人口还是暂住人口，都是自由流动的，但可能不变更户籍或户籍变更会滞后。因此，通过城区人口与暂住人口相加的方式得到的各城市城区常住人口数据可能普遍比各城市实际的城区常住人口要大。但总体来说，其是可以作为各城市城区常住人口的代替数据的。

② 在《中国城市建设统计年鉴》中，有些城市没有城区暂住人口的统计数据，但是统计数据的时序考察和横向对比，本书认为，这些城市的城区人口统计数据应该包括城区户籍人口和城区暂住人口，即认为这些城市的城区常住人口等于城区人口。

续表

城市规模等级	城市名称	城区人口（万人）	城区暂住人口（万人）	城区常住人口（万人）
超大城市	重庆	1102.70	350.30	1453.00
	广州	626.60	707.54	1334.14
	深圳	1190.84	—	1190.84
特大城市	天津	719.20	220.89	940.09
	武汉	473.48	232.27	705.75
	成都	617.35	73.00	690.35
	东莞	200.95	427.70	628.65
	南京	590.60	36.60	627.20
	郑州	344.93	251.52	596.45
	杭州	339.82	223.09	562.91
	沈阳	470.84	65.37	536.21
I型大城市	哈尔滨	421.95	57.91	479.86
	青岛	298.94	142.68	441.62
	西安	436.03	—	436.03
	合肥	211.04	189.27	400.31
	昆明	391.92	1.66	393.58
	太原	310.00	58.00	368.00
	长春	307.63	48.69	356.32
	大连	326.74	25.46	352.20
	长沙	351.51	—	351.51
	济南	329.24	5.97	335.21
	厦门	186.68	138.93	325.61
	南宁	224.70	89.91	314.61
	乌鲁木齐	262.14	50.20	312.34
	苏州	263.06	49.17	312.23

注：不包括中国港澳台地区。

资料来源：《中国城市建设统计年鉴（2016）》。

第三节 我国都市圈空间范围的决定
因素、界定方法及原则

都市圈的空间范围取决于作为核心城市的大都市辐射范围，而大都市辐射范围的大小则受到大都市规模、距离远近、地理条件、交通条件、技术进步、历史文化、行政体制等因素的综合影响。因此，在界定都市圈空间范围的过程中，不仅要考虑到这些因素的影响，而且要选择科学合理的界定方法，还要基于现实需要遵循一定的界定原则，从而增强都市圈空间范围界定的科学性和合理性。

一、都市圈空间范围的决定因素

大都市的规模大小。作为都市圈的核心城市，大都市对周边地区的辐射力主要取决于其规模所积聚的经济势能。这种经济势能包括城市人口数量、经济发展水平、城市基础设施、城市环境质量、商品流通、文明程度等许多因素（罗明义，1999）。但是，大都市的经济势能主要取决于人口规模和经济规模两个方面。其实，一个城市的人口规模与经济规模是息息相关的、相辅相成的。一般来说，一个大都市的人口规模和经济规模越大，其经济势能就相应越强，其辐射的空间范围也就相应越大。

地理距离的远近。大都市对周边地区的辐射力遵循距离衰减规律。也就是说，与大都市的地理距离越近，受到大都市的辐射力就越强；反之，则越小。随着科技进步，距离对经济联系的影响趋于缩小。但是，对于大都市对周边地区的辐射带动作用来说，地理距离仍是一个不能回避或忽略的重要因素。

自然地理条件。对于现代经济社会发展来说，自然地理条件仍是十分重要的。如果一个地区和城市与大都市之间存在高山或大河，即使地理距离可能很近，大都市对它们的辐射力衰减速度要比直接相连的平原地区快得多。尽管现代科技进步使桥梁和隧道的建设容易了很多，也快了很多，但是，仍需要付出不小的代价和成本。即使有了桥梁和隧道，区域间和城市间的经济联系活动仍不如平原地区方便和便捷。因此，在有高山或大河阻隔的地方，大都市的辐射距离相对较短。

交通基础设施的便利程度。交通基础设施对区域间、城市间经济联系的影响是不言而喻的。在我国，尤其是在东部沿海地区，地势较为平坦，国道、省道、高速公路、铁路等交通基础设施星罗棋布，大大方便了区域间和城市间的经济联系活动。21世纪以来，我国快速建设起来的高速铁路网络更是使区域间和城市间的经济联系活动变得更加便捷和频繁。对于大都市来说，哪个方向的交通方式越便捷、越多样，大都市就对哪个方向的辐射力越强，也越远。

通信技术进步及应用。在都市圈形成的早期阶段，大都市对周边地区和城市的辐射带动作用主要来源于制造业上下游联系和市场吸引力。随着大都市的发展壮大和经济转型，大都市辐射带动周边地区和城市发展的动力来源也在发生转变，生产性服务业在大都市发挥辐射带动功能中的角色越来越重要。通信技术的快速进步和大规模普及使大都市为周边地区和城市提供生产性服务变得更加便捷和有效，进一步深化和强化了大都市对周边地区和城市的辐射带动作用。

历史文化因素。历史文化是影响大都市辐射距离远近的深层次原因。方言也是一种文化，也具有历史性。徐现祥等（2015）研究表明，方言多样性阻碍知识和技术的传播，进而阻碍经济增长。相反，如果大都市所在区域地缘相接、文化相近、人缘相亲，经济交流就很方便、很有效，有利于大都市对周边地区和城市的经济辐射和产业扩散。以江苏省会南京来说，在明朝时期是首都或留都，在清朝初期是江南省①的省会，安徽省的江淮地区在历史上就与南京的经济联系紧密，在文化上也比较接近，至今与南京的经济联系仍很密切。

行政体制因素。在我国，行政体制因素能够影响大都市对周边地区和城市的辐射带动作用是显而易见的。基于分税体制的影响和政绩考核的考虑，囿于"一亩三分地"的观念和思维，大都市所在行政区的地方政府会想方设法阻碍本地企业迁移出其行政区范围。越是计划经济色彩浓厚的地区，其地方政府越有冲动且想方设法来阻挠企业的自由迁移。这样一来，就大大弱化了大都市对周边地区和城市的辐射带动作用。京津冀地区就是一个典型案例，北京和天津都是人口规模千万以上的大都市，但对河北地区的辐射带动作用都不明显，河北地区的经济社

---

① 清朝初期，江南省的范围相当于今江苏省、上海市和安徽省以及江西省婺源县、湖北省英山县、浙江省嵊泗列岛等地。顺治十八年（1661年），将江南省一分为二，东称"江南右布政使司"，西称"江南左布政使司"。康熙六年（1667年），改江南右布政使为江苏布政使司，江南左布政使为安徽布政使司。江苏取江宁、苏州二府首字而来，而安徽取安庆、徽州二府首字而来。清乾隆二十五年（1760年），定江宁府为江苏省省会，安庆府为安徽省省会。至此，江苏、安徽两省行政区划大致与今日相同。

会发展普遍滞后，城市规模普遍较小，形成悬殊的经济社会发展落差，京津冀协同发展需要中央政府的强力推动。

二、都市圈空间范围的界定方法

经济动力学理论认为，物理学的万有引力定律也适用于经济学领域，可以用来测度城市间的经济联系，即在一定区域内城市间在经济上也存在着相互吸引的规律，从而形成城市间的经济联系。城市间相互吸引力由城市间的物质流、人员流、能量流、技术流、信息流、服务流等流空间集合的强度和频度组成（李廉水和 Roger R. Stough 等，2007）。这些流空间所集合的强度和频度越大，城市间的相互吸引力就越强。与万有引力的计算公式相类似，城市间的相互吸引力与两个城市的质量和城市间的距离有关。其中，城市质量包括城市的人口规模和经济规模，城市间距离是指经济距离。大都市对周边城市的引力强度计算公式为：

$$U_{ij} = \frac{\sqrt{P_i G_i \times P_j G_j}}{D_{ij}^2} \qquad (4-1)$$

式中，U_{ij} 表示大都市 i 与城市 j 间的引力强度，P_i 和 P_j 分别表示大都市 i 和城市 j 的人口规模，G_i 和 G_j 分别表示大都市 i 和城市 j 的经济规模，D_{ij} 表示大都市 i 与城市 j 间的经济距离。

城市的人口规模和经济规模都可以从统计年鉴中直接获取或用其他统计数据代替，任意两城市间的地理距离可以通过地图软件测量得来。关键是如何测度任意两城市间的经济距离。高汝熹和罗明义（1998）认为，城市间的经济距离由两城市间交通运输方式的便捷性、多样性和经济发展水平的差距来决定。以此思路为基础，他们提出了一种简便可行且具有较强科学性的计算任意两城市间经济距离的方法。本书借鉴高汝熹和罗明义（1998）的思路和方法，以地理距离为基础，通过两次修正得到大都市与周边某一个城市的经济距离。其计算公式为：

$$D_{ij} = d_{ij} \cdot \alpha_{ij} \cdot \beta_{ij} \qquad (4-2)$$

式中，D_{ij} 表示大都市 i 与城市 j 间的经济距离，d_{ij} 表示大都市 i 与城市 j 间的地理距离，α_{ij} 和 β_{ij} 分别表示大都市 i 与城市 j 间的交通方式修正权重和经济落差修正权重。其中，交通方式修正权数的取值主要取决于大都市与周边某一个城市间交通运输方式的便捷性和多样性，经济落差修正权数的取值主要取决于大都市与周边某一个城市间人均地区生产总值的差距。

城市间进行经济联系活动的交通方式主要有铁路、公路、江河海航运和民用航空。公路是指高速公路，不考虑国道、省道等普通公路。民用航空适用于远距离的城市间经济联系活动，诸如都市圈等小区域内的城市间经济联系活动使用率极少，本书暂不考虑。对于诸如都市圈等小区域来说，江河海航运在近距离的城市间经济联系活动中不具有普遍性，且逐步被高速公路和铁路所取代，本书也暂不考虑。21世纪以来，我国高速铁路建设快速发展，逐步建成了较为完善的高速铁路网络，也成为城市间经济联系活动的重要方式。本书首先对高汝熹和罗明义（1998）的方法进行改进，考虑到铁路和高速公路成为当前人们远距离出行最为普遍使用的交通方式，且铁路又分为高速铁路与普通铁路，确定大都市与周边城市之间可能的交通方式包括高速铁路、普通铁路和高速公路三种；其次，把大都市与周边城市之间可能的三种交通方式进行排列组合，并综合考虑对每一种交通方式和每一种组合交通方式进行相应权重设定，从而得到大都市与周边城市之间地理距离的交通方式修正权数；最后，使用相应的交通方式修正权数，对大都市与周边每一个城市之间的地理距离进行修正，得到大都市与周边每一个城市之间的经济距离。

对高速铁路、普通铁路、高速公路三种交通方式的运量、费用和快捷性进行比较，高速铁路目前只有客运而没有货运，普通铁路和高速公路都可以进行客货两运，但在时间耗费上，高速铁路要比普通铁路和高速公路少得多。综合考虑，本书认为高速铁路是城市间进行经济联系活动的最佳交通方式，普通铁路次之，高速公路再次之。因此，本书把高速铁路的权重设定为1.0，普通铁路的权重设定为1.2，高速公路的权重设定为1.5。假定大都市与周边某一个城市的地理距离为100公里，若仅有高速铁路一种交通方式，则经济距离为100公里；若仅有普通铁路一种交通方式，则经济距离为120公里；若仅有高速公路一种交通方式，则经济距离为150公里；若有高速铁路和普通铁路两种交通方式，则经济距离缩短为70公里，即权重设定为0.7；若有高速铁路和高速公路两种交通方式，则经济距离缩短为90公里，即权重设定为0.9；若有普通铁路和高速公路两种交通方式，则经济距离延长为110公里，即权重设定为1.1；若有高速铁路、普通铁路和高速公路三种交通方式，则经济距离缩短为50公里，即权重设定为0.5，如表4-2所示。交通方式修正权重是对大都市与周边城市间地理距离的交通方式修正，即 $D'_{ij} = d_{ij} \cdot \alpha_{ij}$。

经济落差综合反映了城市经济发展水平的差异。若城市间的经济落差太大，城市间的产业关联和经济沟通就比较困难，容易出现"城沟"或"断裂点"，大

表4-2　大都市与外围城市间交通方式修正的权重设定

交通方式组合	高速铁路	普通铁路	高速公路	高速铁路和普通铁路	高速铁路和高速公路	普通铁路和高速公路	高速铁路、普通铁路和高速公路
交通方式修正权重	1.0	1.2	1.5	0.7	0.9	1.1	0.5

城市很难对周边中小城市和小城镇产生较强的经济辐射带动功能；若城市间的经济落差较小，城市间比较容易形成密切的产业关联和经济关系，且有利于形成较强的城市间经济联系，从而使城市间经济融合一体化发展。经济落差权重的设定原则根据大都市周边某一个城市的人均地区生产总值与大都市的比值大小而定。当两城市的人均地区生产总值比值大于或等于70%时，经济落差权重设定为0.8，即假定大都市与该城市间的地理距离为100公里时，比值在70%以上，说明经济落差较小，因而经济距离缩短为80公里；当两城市的人均地区生产总值比值大于或等于45%且小于70%时，经济落差权重设定为1.0，即这时候经济距离等于地理距离；当两城市的人均地区生产总值比值小于45%时，经济落差权重设定为1.2，即经济距离延长为120公里，如表4-3所示。经济落差修正权重是对大都市与周边城市间地理距离的经济落差修正，即 $D''_{ij} = d_{ij} \cdot \beta_{ij}$。

表4-3　大都市与外围城市间经济落差修正的权重设定

大都市与周边某一个城市间的人均地区生产总值比值	≥70%	45%≤比值<70%	<45%
经济落差修正权重	0.8	1.0	1.2

场强是大都市周边某一个城市是否可以划入该都市圈空间范围的另一个重要依据。场强是指大都市的经济辐射场在周边某一个城市所在地理位置的强度。一般来说，场强越大，该地理位置上的城市被划入都市圈空间范围的可能性越大。其计算公式为：

$$S_{ij} = \frac{\sqrt{P_i G_i}}{D_{ij}^2} \tag{4-3}$$

式中，S_{ij} 表示大都市 i 在城市 j 所在地理位置的场强，P_i 表示大都市 i 的人口规模，G_i 表示大都市 i 的经济规模，D_{ij} 表示大都市 i 与城市 j 之间的经济距离。

大都市与周边某一个城市之间的引力强度和在该城市所在地理位置的场强组合成向量（U，S）。向量（U，S）是判定大都市周边某一个城市是否划入都市圈的重要依据。基于现实情况，科学合理地设定临界值向量（U′，S′）。当向量（U，S）优于或等价于向量（U′，S′）时，即U大于或等于U′和S大于或等于S′同时满足时，该城市则被划入都市圈的空间范围。

三、都市圈空间范围的界定原则

以地级市为基本单元。大都市对周边地区的经济辐射半径一般都在50公里以上，最长可达200公里左右，主要取决于大都市规模的大小。在大都市经济辐射的空间范围内，存在数量可观的大中小城市和小城镇。在中国的语境下，以行政级别来划分，这些城市不仅包括省级城市（直辖市）和副省级城市，而且包括地级城市、副地级城市和县级城市。为了降低数据计算的烦琐性，且保证计算结果的有效性，本书选择地级及以上城市作为研究的基本对象，根据都市圈空间范围的界定方法，如果该城市被判定划入都市圈的空间范围，则其管辖的行政区全部划入都市圈的空间范围。

辐射距离有限性。大都市的经济社会联系是开放性的。大都市不仅可能与周边地区和城市之间存在经济社会联系，而且可能与国内其他地区和城市甚至国外的地区和城市之间存在广泛而又密切的经济社会联系。都市圈是以大都市为中心，以辐射距离为半径，形成的经济空间。都市圈内的地区和城市接受大都市的辐射带动，经济联系更加紧密，但这种辐射带动作用的强度是随距离增加而衰减的，不可能无限延伸。因此，依据大都市规模的大小，科学合理地选择相应的地理距离，以其为半径，以大都市为中心，运用上述界定方法来合理界定每个都市圈的空间范围。

在地理上保持连续性。都市圈是在地理上连续的区域。因为本书选择以地级及以上为研究对象，所以可能会出现距离大都市较远的行政区被判定划入都市圈的空间范围，而较近的行政区却不能通过判定划入都市圈的空间范围的现象。在这种情况下，基于都市圈在地理上保持连续性的考虑，距离大都市较近的行政区也应划入都市圈的空间范围。

生态、流域和产业的现实相关性。生态安全和用水安全对于大都市来说至关重要。在某些大都市的周边地区，可能存在部分地区和城市地处大都市的"上风上水"位置，既可能是大都市的生态屏障，也可能是大都市所在流域的上游或水源地。这些地区和城市的经济活动直接影响着该大都市的生态安全和用水安全。这些地区的经济发展水平和城市发育水平一般较低，尽管不能通过界定方法判定划入都市圈的空间范围，但是出于保障大都市生态安全和用水安全的考虑，也把它们划入都市圈的空间范围。此外，现实中与大都市确实存在产业联系的大都市邻近地区也应被划入都市圈的空间范围。

第四节 我国都市圈的发展态势

在前述的部分，本书界定了我国 27 个大都市。其中，东莞经济辐射的空间范围完全处于广州和深圳两大都市的经济辐射空间范围之内，苏州经济辐射的空间范围完全处于上海大都市经济辐射的空间范围之内，这说明东莞和苏州尽管都是大都市，但都不拥有属于自己独立的经济腹地。因此，不予东莞和苏州界定都市圈。接下来，本书依据上述界定方式对我国其余 25 个大都市的都市圈空间范围进行合理界定。

一、合理确定都市圈空间范围的备选城市

大都市的辐射距离与其人口规模有必然的关系，人口规模越大，其辐射距离一般越远，但大都市的辐射距离也是有极限的。罗明义（1999）认为，日本东京、名古屋、阪神三大都市圈的圈域半径一般都在 100～150 公里。东京都市圈是日本最大的都市圈，尽管东京的人口规模在扩张，经济辐射力在增强，但东京都市圈至今仍没有明显突破 150 公里的空间范围。借鉴罗明义（1999）的方法，考虑到我国的城镇化水平仍偏低、城市发育水平普遍较低的现实情况，对我国都市圈的备选空间范围适当放宽一点。如果是超大城市，其都市圈备选空间范围的圈域半径确定为 200 公里左右；如果是特大城市，其都市圈备选空间范围的圈域半径确定为 150 公里左右；如果是 I 型大城市，其都市圈备选空间范围的圈域半径确定为 100 公里左右。利用高德地图软件测量工具，在距离超大城市 200 公里左右、距离特大城市 150 公里左右和距离 I 型大城市 100 公里左右的空间范围内寻找各个都市圈的备选城市，如表 4-4 所示。其中，大连地处辽东半岛的最南端，行政区南北狭长，其人口规模和经济发展水平尚不足以辐射到周边其他地级

城市；乌鲁木齐位于我国西部地区，城市间距离较远，没有其他地级城市处于距离乌鲁木齐100公里左右的空间范围内。基于数据可得性的考虑，本书对大连和乌鲁木齐两大都市不予界定都市圈，但这并不表示大连和乌鲁木齐没有形成自己的都市圈。

表4-4　界定我国25个都市圈的备选城市一览

都市圈备选空间范围的圈域半径	都市圈名称	备选的主要城市
200公里左右	上海都市圈	苏州、无锡、常州、南通、嘉兴、湖州、绍兴、宁波、舟山
	北京都市圈	廊坊、保定、张家口、承德、唐山、沧州
	重庆都市圈	广安、南充、遂宁、资阳、内江、自贡、泸州、宜宾、达州、遵义
	广州都市圈	佛山、东莞、肇庆、清远、惠州、河源、韶关、珠海、中山、江门、云浮、阳江、贺州、梧州
	深圳都市圈	东莞、惠州、汕尾、河源、珠海、中山、江门
150公里左右	天津都市圈	廊坊、唐山、沧州、保定
	武汉都市圈	孝感、黄冈、鄂州、黄石、咸宁、随州、仙桃、天门、潜江
	成都都市圈	德阳、绵阳、遂宁、资阳、眉山、雅安、乐山、内江、自贡
	南京都市圈	镇江、扬州、泰州、常州、无锡、滁州、马鞍山、芜湖、铜陵、宣城
	郑州都市圈	开封、洛阳、焦作、新乡、鹤壁、许昌、平顶山、漯河、济源、周口、晋城
	杭州都市圈	嘉兴、湖州、绍兴、宁波、金华、宣城
	沈阳都市圈	本溪、抚顺、辽阳、鞍山、铁岭、盘锦、营口、阜新
100公里左右	哈尔滨都市圈	绥化
	青岛都市圈	日照
	西安都市圈	咸阳、渭南、铜川、商洛
	合肥都市圈	六安、淮南、滁州、马鞍山、芜湖、铜陵
	昆明都市圈	玉溪、曲靖
	太原都市圈	晋中、阳泉、沂州
	长春都市圈	吉林、辽源、四平
	大连都市圈	—

续表

都市圈备选空间范围的圈域半径	都市圈名称	备选的主要城市
100 公里左右	长沙都市圈	株洲、湘潭、萍乡、娄底、益阳
	济南都市圈	泰安、德州、滨州、淄博、聊城
	厦门都市圈	泉州、漳州
	南宁都市圈	钦州、崇左
	乌鲁木齐都市圈	—

二、数据说明及其来源

本书所用城市间地理距离是用高德地图软件测距工具直接测量得出的，城市间交通方式用高德地图软件查询得出；各城市的人口规模由各城市的城区人口与城区暂住人口的统计数据相加得出，2016 年统计数据来源于《中国城市建设统计年鉴（2016）》；各城市的经济规模用各市市辖区地区生产总值的统计数据来表示，各城市的经济发展水平用各市市辖区人均地区生产总值的统计数据来表示，2016 年统计数据均来源于《中国城市统计年鉴（2017）》。

三、我国 23 个大都市与其都市圈备选城市间的经济距离

运用公式（4–2），以各个大都市与其都市圈备选城市的地理距离和交通条件，以及各城市市辖区人均地区生产总值为基础，对地理距离进行两次修正后，得到 23 个大都市与其都市圈备选城市的经济距离，如表 4–5 至表 4–27 所示。从计算结果可以看到，大都市与其都市圈备选城市间的经济距离相对于地理距离是缩短了还是拉远了，取决于大都市与该备选城市间交通方式的快捷性和多样性以及经济落差大小的综合影响。其中，有的城市尽管与大都市间的地理距离较远，但因为与大都市间的交通方式快捷和多样，且与大都市间的经济落差较小，反而其与大都市间的经济距离较近；有的城市尽管与大都市间的地理距离较近，但因为与大都市间的交通方式不快捷且单一，与大都市间的经济落差较大，所以导致其与大都市间的经济距离被拉远了；还有的城市尽管与大都市间的交通方式较为快捷且多样，缩短了与大都市间的经济距离，但因为与大都市间的经济落差过大，最后反而拉远了其与大都市间的经济距离；等等。

· 89 ·

表4-5 上海与其都市圈备选城市间的经济距离

城市	地理距离（公里）	交通条件①	交通方式修正权重	与上海市辖区人均地区生产总值的比值（%）	经济落差修正权重	经济距离（公里）
苏州	82.14	高铁、普铁、高速	0.50	124.9	0.80	32.86
无锡	118.27	高铁、普铁、高速	0.50	112.3	0.80	47.31
常州	156.68	高铁、普铁、高速	0.50	108.5	0.80	62.67
南通	104.92	高速	1.50	90.6	0.80	125.90
嘉兴	86.60	高铁、普铁、高速	0.50	67.4	1.00	43.30
湖州	137.40	高铁、高速	0.90	65.5	1.00	123.66
绍兴	160.94	高铁、普铁、高速	0.50	88.0	0.80	64.38
宁波	153.45	高铁、普铁、高速	0.50	116.5	0.80	61.38
舟山	148.39	高速	1.50	88.7	0.80	178.07

表4-6 北京与其都市圈备选城市间的经济距离

城市	地理距离（公里）	交通条件	交通方式修正权重	与北京市辖区人均地区生产总值的比值（%）	经济落差修正权重	经济距离（公里）
廊坊	49.86	高铁、普铁、高速	0.50	89.1	0.80	19.94
唐山	154.80	高铁、普铁、高速	0.50	78.8	0.80	61.92
张家口	164.92	普铁、高速	1.10	35.0	1.20	217.69
承德	176.41	普铁、高速	1.10	39.4	1.20	232.86
保定	140.33	高铁、普铁、高速	0.50	33.9	1.20	84.20
沧州	179.68	高铁、普铁、高速	0.50	85.2	0.80	71.87

① 高铁是指高速铁路，包括G开头、C开头和D开头的火车；普铁是指普通铁路，包括T开头、Z开头、K开头和纯数字的火车；高速是指高速公路。

表4-7 重庆与其都市圈备选城市间的经济距离

城市	地理距离（公里）	交通条件	交通方式修正权重	与重庆市辖区人均地区生产总值的比值（%）	经济落差修正权重	经济距离（公里）
广安	99.69	普铁、高速	1.10	55.0	1.00	109.66
南充	146.14	高铁、普铁、高速	0.50	46.7	1.00	73.07
遂宁	143.43	高铁、普铁、高速	0.50	48.3	1.00	71.72
资阳	193.93	高铁、普铁、高速	0.50	76.3	0.80	77.57
内江	145.74	高铁、高速	0.70	52.7	1.00	102.02
自贡	173.03	高速	1.50	87.9	0.80	207.64
泸州	131.79	高速	1.50	82.1	0.80	158.15
宜宾	207.95	高速	1.50	83.9	0.80	249.54
达州	201.20	普铁、高速	1.10	41.2	1.20	265.58
遵义	212.02	高铁、普铁、高速	0.50	68.4	1.00	106.01

表4-8 广州与其都市圈备选城市间的经济距离

城市	地理距离（公里）	交通条件	交通方式修正权重	与广州市辖区人均地区生产总值的比值（%）	经济落差修正权重	经济距离（公里）
佛山	18.60	高铁、普铁、高速	0.50	81.7	0.80	7.44
东莞	50.56	高铁、普铁、高速	0.50	58.3	1.00	25.28
肇庆	81.64	高铁、普铁、高速	0.50	50.4	1.00	40.82
清远	65.83	高铁、普铁、高速	0.50	33.3	1.20	39.50
云浮	127.68	高铁、高速	0.90	25.3	1.20	137.89
珠海	100.70	高铁、高速	0.90	94.8	0.80	72.50
中山	68.85	高铁、高速	0.90	70.1	0.80	49.57
江门	63.30	高铁、高速	0.90	49.2	1.00	56.97
韶关	189.31	高铁、普铁、高速	0.50	39.5	1.20	113.59

续表

城市	地理距离（公里）	交通条件	交通方式修正权重	与广州市辖区人均地区生产总值的比值（%）	经济落差修正权重	经济距离（公里）
阳江	194.61	高铁、高速	0.90	40.3	1.20	210.18
河源	163.38	普铁、高速	0.90	48.9	1.00	147.04
惠州	117.96	高铁、普铁、高速	0.50	60.1	1.00	58.98
贺州	226.18	高铁、高速	0.90	20.1	1.20	244.27
梧州	206.43	高铁、高速	0.90	49.2	1.00	185.79

表4-9 深圳与其都市圈备选城市间的经济距离

城市	地理距离（公里）	交通条件	交通方式修正权重	与深圳市辖区人均地区生产总值的比值（%）	经济落差修正权重	经济距离（公里）
东莞	66.34	高铁、普铁、高速	0.50	49.4	1.00	33.17
惠州	68.00	高铁、普铁、高速	0.50	50.9	1.00	34.00
汕尾	134.63	高铁、高速	0.90	24.9	1.20	145.40
河源	147.05	普铁、高速	0.90	41.5	1.20	158.81
珠海	64.10	高铁、高速	0.90	80.4	0.80	46.15
中山	72.91	高铁、高速	0.90	59.4	1.00	65.62
江门	101.40	高速	1.50	41.7	1.20	182.52

表4-10 天津与其都市圈备选城市间的经济距离

城市	地理距离（公里）	交通条件	交通方式修正权重	与天津市辖区人均地区生产总值的比值（%）	经济落差修正权重	经济距离（公里）
廊坊	64.37	高铁、普铁、高速	0.50	91.6	0.80	25.75
唐山	103.39	高铁、普铁、高速	0.50	80.9	0.80	41.36
沧州	91.61	高铁、普铁、高速	0.50	87.5	0.80	36.64
保定	151.35	高铁、普铁、高速	0.50	34.8	1.20	90.81

表4-11 武汉与其都市圈备选城市间的经济距离

城市	地理距离（公里）	交通条件	交通方式修正权重	与武汉市辖区人均地区生产总值的比值（%）	经济落差修正权重	经济距离（公里）
孝感	53.07	高铁、普铁、高速	0.50	24.8	1.20	31.84
黄冈	58.54	高铁、高速	0.90	41.7	1.20	63.22
鄂州	61.50	高铁、普铁、高速	0.50	59.8	1.00	30.75
黄石	85.73	高铁、普铁、高速	0.50	55.4	1.00	42.87
咸宁	85.79	高铁、普铁、高速	0.50	35.0	1.20	51.47
随州	150.67	高铁、普铁、高速	0.50	49.6	1.00	75.34
仙桃	85.03	高铁、高速	0.90	45.0	1.00	76.53
天门	109.30	高铁、高速	0.90	29.2	1.20	118.04
潜江	137.13	高铁、高速	0.90	50.0	1.00	123.42

表4-12 成都与其都市圈备选城市间的经济距离

城市	地理距离（公里）	交通条件	交通方式修正权重	与成都市辖区人均地区生产总值的比值（%）	经济落差修正权重	经济距离（公里）
德阳	68.76	高铁、普铁、高速	0.50	72.1	0.80	27.50
绵阳	117.30	高铁、普铁、高速	0.50	59.5	1.00	58.65
遂宁	144.88	高铁、普铁、高速	0.50	34.1	1.20	86.93
资阳	74.33	高铁、高速	0.90	54.0	1.00	66.90
眉山	62.32	高铁、普铁、高速	0.50	48.0	1.00	31.16
雅安	121.19	高铁、高速	0.90	36.5	1.20	130.89
乐山	113.72	高铁、高速	0.90	59.2	1.00	102.35
内江	144.92	高铁、普铁、高速	0.50	37.3	1.20	86.95
自贡	151.40	普铁、高速	1.10	62.2	1.00	166.54

表 4-13　南京与其都市圈备选城市间的经济距离

城市	地理距离（公里）	交通条件	交通方式修正权重	与南京市辖区人均地区生产总值的比值（%）	经济落差修正权重	经济距离（公里）
镇江	63.73	高铁、普铁、高速	0.50	109.3	0.80	25.49
扬州	68.89	高铁、普铁、高速	0.50	94.0	0.80	27.56
泰州	115.89	高铁、普铁、高速	0.50	83.1	0.80	46.36
常州	113.23	高铁、普铁、高速	0.50	99.3	0.80	45.29
无锡	152.50	高铁、普铁、高速	0.50	102.9	0.80	61.00
滁州	52.71	高铁、普铁、高速	0.50	49.9	1.00	26.36
马鞍山	51.73	高铁、普铁、高速	0.50	75.4	0.80	20.69
芜湖	91.22	高铁、普铁、高速	0.50	79.2	0.80	36.49
宣城	123.85	普铁、高速	1.10	28.4	1.20	163.48
铜陵	157.01	高铁、普铁、高速	0.50	47.1	1.00	78.51

表 4-14　郑州与其都市圈备选城市间的经济距离

城市	地理距离（公里）	交通条件	交通方式修正权重	与郑州市辖区人均地区生产总值的比值（%）	经济落差修正权重	经济距离（公里）
开封	65.10	高铁、普铁、高速	0.50	47.7	1.00	32.55
洛阳	110.28	高铁、普铁、高速	0.50	82.8	0.80	44.11
焦作	64.62	高铁、普铁、高速	0.50	55.7	1.00	32.31
新乡	65.38	高铁、普铁、高速	0.50	76.6	0.80	26.15
鹤壁	128.59	高铁、普铁、高速	0.50	67.7	1.00	64.30
许昌	82.54	高铁、普铁、高速	0.50	61.7	1.00	41.27
平顶山	117.38	普铁、高速	1.10	57.1	1.00	129.12
漯河	136.53	高铁、普铁、高速	0.50	58.2	1.00	68.27
济源	98.93	高速	1.50	88.0	0.80	118.72
周口	158.08	普铁、高速	1.10	35.6	1.20	208.67
晋城	109.90	普铁、高速	1.10	61.3	1.00	120.89

表4-15 杭州与其都市圈备选城市间的经济距离

城市	地理距离 （公里）	交通条件	交通方式 修正权重	与杭州市辖区 人均地区生产 总值的比值 （%）	经济落差 修正权重	经济距离 （公里）
嘉兴	79.90	高铁、普铁、高速	0.50	58.3	1.00	39.95
湖州	72.23	高铁、高速	0.90	56.7	1.00	65.01
绍兴	45.30	高铁、普铁、高速	0.50	76.1	0.80	18.12
宁波	142.07	高铁、普铁、高速	0.50	100.7	0.80	56.83
金华	139.72	普铁、高速	1.10	45.8	1.00	153.69
宣城	159.44	高铁、普铁、高速	0.50	26.8	1.20	95.66

表4-16 沈阳与其都市圈备选城市间的经济距离

城市	地理距离 （公里）	交通条件	交通方式 修正权重	与沈阳市辖区 人均地区生产 总值的比值 （%）	经济落差 修正权重	经济距离 （公里）
本溪	48.85	高铁、普铁、高速	0.50	66.8	1.00	24.43
抚顺	43.25	普铁、高速	1.10	71.1	0.80	38.06
辽阳	51.46	高铁、普铁、高速	0.50	49.9	1.00	25.73
鞍山	75.59	高铁、普铁、高速	0.50	65.9	1.00	37.80
铁岭	75.15	高铁、普铁、高速	0.50	40.4	1.20	45.09
盘锦	131.20	高铁、普铁、高速	0.50	102.0	0.80	52.48
营口	152.17	高铁、普铁、高速	0.50	93.8	0.80	60.87
阜新	155.40	高铁、普铁、高速	0.50	45.2	1.00	77.70

表4-17 哈尔滨与其都市圈备选城市间的经济距离

城市	地理距离 （公里）	交通条件	交通方式 修正权重	与哈尔滨市辖区 人均地区生产 总值的比值 （%）	经济落差 修正权重	经济距离 （公里）
绥化	99.09	普铁、高速	1.10	24.6	1.20	130.80

表4-18　青岛与其都市圈备选城市间的经济距离

城市	地理距离（公里）	交通条件	交通方式修正权重	与青岛市辖区人均地区生产总值的比值（%）	经济落差修正权重	经济距离（公里）
日照	109.29	高铁、高速	0.90	69.0	1.00	98.36

表4-19　西安与其都市圈备选城市间的经济距离

城市	地理距离（公里）	交通条件	交通方式修正权重	与西安市辖区人均地区生产总值的比值（%）	经济落差修正权重	经济距离（公里）
咸阳	21.74	高铁、普铁、高速	0.50	114.4	0.80	8.70
渭南	54.40	高铁、普铁、高速	0.50	47.7	1.00	27.20
铜川	63.27	高速	1.50	47.5	1.00	94.91
商洛	104.06	普铁、高速	1.10	32.5	1.20	137.36

表4-20　合肥与其都市圈备选城市间的经济距离

城市	地理距离（公里）	交通条件	交通方式修正权重	与合肥市辖区人均地区生产总值的比值（%）	经济落差修正权重	经济距离（公里）
六安	68.31	高铁、普铁、高速	0.50	22.1	1.20	40.99
淮南	93.28	高铁、高速	0.90	29.2	1.20	100.74
铜陵	112.98	高铁、普铁、高速	0.50	54.0	1.00	56.49
滁州	117.81	普铁、高速	1.10	57.2	1.00	129.59
马鞍山	123.27	普铁、高速	1.10	86.4	0.80	108.48
芜湖	121.91	普铁、高速	1.10	90.8	0.80	107.28

表4-21 昆明与其都市圈备选城市间的经济距离

城市	地理距离（公里）	交通条件	交通方式修正权重	与昆明市辖区人均地区生产总值的比值（%）	经济落差修正权重	经济距离（公里）
玉溪	64.08	高铁、普铁、高速	0.50	104.1	0.80	25.63
曲靖	116.11	高铁、普铁、高速	0.50	89.4	0.80	46.44

表4-22 太原与其都市圈备选城市间的经济距离

城市	地理距离（公里）	交通条件	交通方式修正权重	与太原市辖区人均地区生产总值的比值（%）	经济落差修正权重	经济距离（公里）
晋中	25.03	高铁、普铁、高速	0.50	41.3	1.20	15.02
阳泉	91.18	高铁、普铁、高速	0.50	69.8	1.00	45.59
沂州	62.68	高铁、普铁、高速	0.50	27.5	1.20	37.61

表4-23 长春与其都市圈备选城市间的经济距离

城市	地理距离（公里）	交通条件	交通方式修正权重	与长春市辖区人均地区生产总值的比值（%）	经济落差修正权重	经济距离（公里）
吉林	100.17	高铁、普铁、高速	0.5	72.8	0.80	40.07
辽源	104.06	普铁、高速	1.1	85.8	0.80	91.57
四平	104.48	高铁、普铁、高速	0.5	33.3	1.20	62.69

表4-24 长沙与其都市圈备选城市间的经济距离

城市	地理距离（公里）	交通条件	交通方式修正权重	与长沙市辖区人均地区生产总值的比值（%）	经济落差修正权重	经济距离（公里）
株洲	49.28	高铁、普铁、高速	0.50	66.2	1.00	24.64

城市	地理距离（公里）	交通条件	交通方式修正权重	与长沙市辖区人均地区生产总值的比值（%）	经济落差修正权重	经济距离（公里）
湘潭	44.94	高铁、普铁、高速	0.50	72.4	0.80	17.98
萍乡	113.06	高铁、普铁、高速	0.50	44.5	1.20	67.84
娄底	108.04	高铁、普铁、高速	0.50	54.4	1.00	54.02
益阳	68.03	高铁、普铁、高速	0.50	33.7	1.20	40.82

表4-25　济南与其都市圈备选城市间的经济距离

城市	地理距离（公里）	交通条件	交通方式修正权重	与济南市辖区人均地区生产总值的比值（%）①	经济落差修正权重	经济距离（公里）
泰安	52.13	高铁、普铁、高速	0.50	61.5	1.00	26.07
德州	113.71	高铁、普铁、高速	0.50	69.7	1.00	56.86
滨州	115.32	普铁、高速	1.10	80.7	0.80	101.48
淄博	86.12	高铁、普铁、高速	0.50	128.9	0.80	34.45
聊城	103.67	普铁、高速	1.10	43.4	1.20	136.84

表4-26　厦门与其都市圈备选城市间的经济距离

城市	地理距离（公里）	交通条件	交通方式修正权重	与厦门市辖区人均地区生产总值的比值（%）	经济落差修正权重	经济距离（公里）
泉州	72.13	高铁、高速	0.90	99.5	0.80	51.93
漳州	46.39	高铁、普铁、高速	0.50	94.7	0.80	18.56

　　① 2019年1月，国务院批复同意山东省调整济南市、莱芜市行政区划，撤销莱芜市，将其所辖区域划归济南市管辖，莱芜市分成莱芜区、钢城区两个济南市辖区。济南市辖区地区生产总值由原济南市辖区地区生产总值与原莱芜市辖区地区生产总值相加得出，济南市辖区人口由原济南市辖区人口与原莱芜市辖区人口相加得出，两者相除得出济南市辖区人均地区生产总值。

表4-27　南宁与其都市圈备选城市间的经济距离

城市	地理距离（公里）	交通条件	交通方式修正权重	与南宁市辖区人均地区生产总值的比值（%）	经济落差修正权重	经济距离（公里）
钦州	99.68	高铁、高速	0.90	57.5	1.00	89.71
崇左	113.69	普铁、高速	1.10	67.2	1.00	125.06

四、我国23个大都市与其都市圈备选城市间的引力强度和场强

运用公式（4-1）和公式（4-3），以各个大都市与其都市圈备选城市的经济距离，以及各城市的人口规模和市辖区地区生产总值为基础，计算得出23个大都市与其都市圈备选城市的引力强度和场强，如表4-28至表4-50所示。除大都市与其都市圈备选城市间的经济距离外，大都市到其都市圈备选城市所在位置的场强仅与大都市的质量（包括人口规模和经济规模）有关，但大都市与其都市圈备选城市间的引力强度不仅与大都市的质量有关，而且与该备选城市的质量有关。因此，大都市与其都市圈备选城市间的引力强度大小与大都市到其都市圈备选城市所在位置的场强大小并不完全一致，即不存在正向的相关关系。也就是说，有可能出现大都市与其都市圈备选城市间的引力强度较大，但大都市到该备选城市所在位置的场强反而较小的情况。

表4-28　上海与其都市圈备选城市间的引力强度和场强

城市	人口规模（万人）	市辖区地区生产总值（亿元）	与上海的经济距离（公里）	与上海的引力强度	上海在该城市所在位置的场强
上海	2419.70	28178.65	—	—	—
苏州	312.23	8008.45	32.86	12095.48	7.65
无锡	251.05	4749.02	47.31	4028.60	3.69
常州	187.68	4985.66	62.67	2033.59	2.10
南通	164.29	2475.03	125.90	332.17	0.52
嘉兴	94.11	970.41	43.30	1330.94	4.40
湖州	91.50	1011.17	123.66	164.25	0.54
绍兴	150.26	2801.84	64.38	1292.82	1.99

续表

城市	人口规模（万人）	市辖区地区生产总值（亿元）	与上海的经济距离（公里）	与上海的引力强度	上海在该城市所在位置的场强
宁波	284.57	5574.66	61.38	2760.52	2.19
舟山	62.88	908.17	178.07	62.23	0.26

表4－29　北京与其都市圈备选城市间的引力强度和场强

城市	人口规模（万人）	市辖区地区生产总值（亿元）	与北京的经济距离（公里）	与北京的引力强度	北京在该城市所在位置的场强
北京	1879.60	25669.13	—	—	—
廊坊	56.20	903.13	19.94	3934.20	17.46
唐山	197.98	3323.83	61.92	1469.63	1.81
张家口	100.10	665.28	217.69	37.82	0.15
承德	57.37	305.18	232.86	16.95	0.13
保定	161.09	1141.68	84.20	420.19	0.98
沧州	59.33	710.43	71.87	276.07	1.34

表4－30　重庆与其都市圈备选城市间的引力强度和场强

城市	人口规模（万人）	市辖区地区生产总值（亿元）	与重庆的经济距离（公里）	与重庆的引力强度	重庆在该城市所在位置的场强
重庆	1453.00	15724.46	—	—	—
广安	32.96	316.86	109.66	40.62	0.40
南充	120.00	592.82	73.07	238.78	0.90
遂宁	69.68	416.73	71.72	158.37	0.93
资阳	33.50	445.53	77.57	97.04	0.79
内江	64.24	471.70	102.02	79.95	0.46
自贡	118.42	790.60	207.64	33.92	0.11
泸州	135.62	774.07	158.15	61.92	0.19
宜宾	96.32	661.59	249.54	19.38	0.08
达州	57.03	448.07	265.58	10.83	0.07
遵义	101.72	984.79	106.01	134.62	0.43

表4-31 广州与其都市圈备选城市间的引力强度和场强

城市	人口规模 （万人）	市辖区地区生产 总值（亿元）	与广州的经济 距离（公里）	与广州的 引力强度	广州在该城市 所在位置的场强
广州	1334.14	19547.44	—	—	—
佛山	210.28	8630.00	7.44	124280.84	92.26
东莞	628.65	6827.69	25.28	16555.14	7.99
肇庆	72.90	1100.31	40.82	868.00	3.06
清远	79.03	742.39	39.50	792.88	3.27
云浮	25.73	234.16	137.89	20.85	0.27
珠海	182.96	2226.37	72.50	620.01	0.97
中山	74.15	3202.78	49.57	1012.73	2.08
江门	134.18	1303.41	56.97	658.02	1.57
韶关	62.83	579.35	113.59	75.52	0.40
阳江	49.10	671.10	210.18	20.98	0.12
河源	32.86	337.10	147.04	24.86	0.24
惠州	193.86	2084.21	58.98	933.15	1.47
贺州	24.03	299.86	244.27	7.26	0.09
梧州	61.85	561.76	185.79	27.58	0.15

表4-32 深圳与其都市圈备选城市间的引力强度和场强

城市	人口规模 （万人）	市辖区地区生产 总值（亿元）	与深圳的经济 距离（公里）	与深圳的 引力强度	深圳在该城市 所在位置的场强
深圳	1190.84	19492.60	—	—	—
东莞	628.65	6827.69	33.17	9072.19	4.38
惠州	193.86	2084.21	34.00	2649.22	4.17
汕尾	22.38	218.97	145.40	15.95	0.23
河源	32.86	337.10	158.81	20.10	0.19
珠海	182.96	2226.37	46.15	1443.63	2.26
中山	74.15	3202.78	65.62	545.28	1.12
江门	134.18	1303.41	182.52	60.48	0.14

表4-33 天津与其都市圈备选城市间的引力强度和场强

城市	人口规模（万人）	市辖区地区生产总值（亿元）	与天津的经济距离（公里）	与天津的引力强度	天津在该城市所在位置的场强
天津	1879.60	17885.39	—	—	—
廊坊	56.20	903.13	25.75	1970.32	8.75
唐山	197.98	3323.83	41.36	2750.02	3.39
沧州	59.33	710.43	36.64	886.49	4.32
保定	161.09	1141.68	90.81	301.52	0.70

表4-34 武汉与其都市圈备选城市间的引力强度和场强

城市	人口规模（万人）	市辖区地区生产总值（亿元）	与武汉的经济距离（公里）	与武汉的引力强度	武汉在该城市所在位置的场强
武汉	705.75	9630.60	—	—	—
孝感	54.65	287.74	31.84	322.44	2.57
黄冈	32.12	203.16	63.22	52.69	0.65
鄂州	43.00	797.82	30.75	510.68	2.76
黄石	87.18	616.62	42.87	328.98	1.42
咸宁	41.19	259.11	51.47	101.65	0.98
随州	49.38	393.09	75.34	64.00	0.46
仙桃	40.10	647.55	76.53	71.74	0.45
天门	30.18	471.27	118.04	22.31	0.19
潜江	42.64	602.19	123.42	27.43	0.17

表4-35 成都与其都市圈备选城市间的引力强度和场强

城市	人口规模（万人）	市辖区地区生产总值（亿元）	与成都的经济距离（公里）	与成都的引力强度	成都在该城市所在位置的场强
成都	690.35	9685.58	—	—	—
德阳	61.29	500.08	27.50	598.44	3.42
绵阳	132.80	992.89	58.65	272.97	0.75
遂宁	69.68	416.73	86.93	58.31	0.34
资阳	33.50	445.53	66.90	70.59	0.58
眉山	50.85	516.33	31.16	431.53	2.66

续表

城市	人口规模 （万人）	市辖区地区 生产总值（亿元）	与成都的经济 距离（公里）	与成都的 引力强度	成都在该城市 所在位置的场强
雅安	26.71	214.47	130.89	11.42	0.15
乐山	78.33	674.09	102.35	56.72	0.25
内江	64.24	471.70	86.95	59.54	0.34
自贡	118.42	790.60	166.54	28.53	0.09

表4-36　南京与其都市圈备选城市间的引力强度和场强

城市	人口规模 （万人）	市辖区地区 生产总值（亿元）	与南京的经济 距离（公里）	与南京的 引力强度	南京在该城市 所在位置的场强
南京	627.20	10503.02	—	—	—
镇江	89.03	1711.60	25.49	1541.78	3.95
扬州	116.63	2900.30	27.56	1965.87	3.38
泰州	94.29	1718.27	46.36	480.76	1.19
常州	187.68	4985.66	45.29	1210.28	1.25
无锡	251.05	4749.02	61.00	753.15	0.69
滁州	44.86	370.44	26.36	476.35	3.70
马鞍山	73.94	910.25	20.69	1555.16	5.99
芜湖	135.81	1659.78	36.49	915.27	1.93
宣城	35.71	290.73	163.48	9.78	0.10
铜陵	51.66	751.90	78.51	82.08	0.42

表4-37　郑州与其都市圈备选城市间的引力强度和场强

城市	人口规模 （万人）	市辖区地区生产 总值（亿元）	与郑州的经济 距离（公里）	与郑州的 引力强度	郑州在该城市 所在位置的场强
郑州	596.45	4609.71	—	—	—
开封	105.15	637.10	32.55	405.07	1.57
洛阳	236.93	1488.51	44.11	506.05	0.85
焦作	78.40	473.56	32.31	306.05	1.59
新乡	77.10	720.11	26.15	571.27	2.42
鹤壁	47.21	369.40	64.30	52.97	0.40

续表

城市	人口规模 （万人）	市辖区地区生产 总值（亿元）	与郑州的经济 距离（公里）	与郑州的 引力强度	郑州在该城市 所在位置的场强
许昌	54.91	660.04	41.27	185.34	0.97
平顶山	95.02	510.96	129.12	21.92	0.10
漯河	58.65	647.63	68.27	69.35	0.36
济源	32.00	532.99	118.72	15.37	0.12
周口	39.18	211.18	208.67	3.46	0.04
晋城	49.00	249.81	120.89	12.55	0.11

表4-38 杭州与其都市圈备选城市间的引力强度和场强

城市	人口规模 （万人）	市辖区地区生产 总值（亿元）	与杭州的经济 距离（公里）	与杭州的 引力强度	杭州在该城市 所在位置的场强
杭州	562.91	9835.48	—	—	—
嘉兴	94.11	970.41	39.95	445.53	1.47
湖州	91.50	1011.17	65.01	169.36	0.56
绍兴	150.26	2801.84	18.12	4649.91	7.17
宁波	284.57	5574.66	56.83	917.69	0.73
金华	79.02	693.13	153.69	23.31	0.10
宣城	35.71	290.73	95.66	26.20	0.26

表4-39 沈阳与其都市圈备选城市间的引力强度和场强

城市	人口规模 （万人）	市辖区地区生产 总值（亿元）	与沈阳的经济 距离（公里）	与沈阳的 引力强度	沈阳在该城市 所在位置的场强
沈阳	536.21	4922.57	—	—	—
本溪	91.40	531.96	24.43	600.44	2.72
抚顺	130.72	730.88	38.06	346.67	1.12
辽阳	78.49	416.90	25.73	443.92	2.45
鞍山	137.10	739.58	37.80	362.16	1.14
铁岭	45.13	124.98	45.09	60.01	0.80
盘锦	93.69	836.82	52.48	165.17	0.59
营口	88.70	733.54	60.87	111.86	0.44
阜新	77.20	202.29	77.70	33.63	0.27

表4-40 哈尔滨与其都市圈备选城市间的引力强度和场强

城市	人口规模 （万人）	市辖区地区 生产总值（亿元）	与哈尔滨的经济 距离（公里）	与哈尔滨的 引力强度	哈尔滨在该城市 所在位置的场强
哈尔滨	479.86	4472.69	—	—	—
绥化	36.70	166.72	130.80	6.70	0.09

表4-41 青岛与其都市圈备选城市间的引力强度和场强

城市	人口规模 （万人）	市辖区地区生产 总值（亿元）	与青岛的经济 距离（公里）	与青岛的 引力强度	青岛在该城市 所在位置的场强
青岛	441.62	6505.96	—	—	—
日照	80.16	1287.44	98.36	56.28	0.18

表4-42 西安与其都市圈备选城市间的引力强度和场强

城市	人口规模 （万人）	市辖区地区生产 总值（亿元）	与西安的经济 距离（公里）	与西安的 引力强度	西安在该城市 所在位置的场强
西安	436.03	5527.66	—	—	—
咸阳	105.65	864.49	8.70	6204.47	20.53
渭南	54.92	333.20	27.20	283.86	2.10
铜川	40.35	278.50	94.91	18.27	0.17
商洛	23.95	136.09	137.36	4.70	0.08

表4-43 合肥与其都市圈备选城市间的引力强度和场强

城市	人口规模 （万人）	市辖区地区生产 总值（亿元）	与合肥的经济 距离（公里）	与合肥的 引力强度	合肥在该城市 所在位置的场强
合肥	400.31	4191.70	—	—	—
六安	60.30	481.64	40.99	131.41	0.77
淮南	109.42	590.29	100.74	32.44	0.13
铜陵	51.66	751.90	56.49	80.00	0.41
滁州	44.86	370.44	129.59	9.94	0.08
马鞍山	73.94	910.25	108.48	28.56	0.11
芜湖	135.81	1659.78	107.28	53.44	0.11

表 4 – 44　昆明与其都市圈备选城市间的引力强度和场强

城市	人口规模 （万人）	市辖区地区 生产总值（亿元）	与昆明的经济 距离（公里）	与昆明的 引力强度	昆明在该城市 所在位置的场强
昆明	393.58	3336.14	—	—	—
玉溪	41.12	692.64	25.63	294.34	1.74
曲靖	72.05	576.62	46.44	108.28	0.53

表 4 – 45　太原与其都市圈备选城市间的引力强度和场强

城市	人口规模 （万人）	市辖区地区生产 总值（亿元）	与太原的经济 距离（公里）	与太原的 引力强度	太原在该城市 所在位置的场强
太原	368.00	2754.94	—	—	—
晋中	51.38	216.28	15.02	470.61	4.46
阳泉	57.02	401.46	45.59	73.29	0.48
沂州	30.00	120.07	37.61	42.73	0.71

表 4 – 46　长春与其都市圈备选城市间的引力强度和场强

城市	人口规模 （万人）	市辖区地区生产 总值（亿元）	与长春的经济 距离（公里）	与长春的 引力强度	长春在该城市 所在位置的场强
长春	356.32	4707.01	—	—	—
吉林	127.60	1442.78	40.07	346.12	0.81
辽源	48.77	422.02	91.57	22.16	0.15
四平	66.36	216.34	62.69	39.49	0.33

表 4 – 47　长沙与其都市圈备选城市间的引力强度和场强

城市	人口规模 （万人）	市辖区地区生产 总值（亿元）	与长沙的经济 距离（公里）	与长沙的 引力强度	长沙在该城市 所在位置的场强
长沙	351.51	5867.20	—	—	—
株洲	109.38	1176.25	24.64	848.44	2.37
湘潭	81.74	1123.24	17.98	1346.64	4.44
萍乡	46.35	612.55	67.84	52.58	0.31
娄底	50.02	403.82	54.02	69.94	0.49
益阳	65.98	625.68	40.82	175.13	0.86

表4-48 济南与其都市圈备选城市间的引力强度和场强

城市	人口规模 （万人）	市辖区地区生产 总值（亿元）	与济南的经济 距离（公里）	与济南的 引力强度	济南在该城市 所在位置的场强
济南	335.21	6519.41	—	—	—
泰安	100.99	1004.92	26.07	693.19	2.18
德州	88.13	833.94	56.86	123.98	0.46
滨州	89.21	792.75	101.48	38.17	0.14
淄博	173.62	3404.13	34.45	957.72	1.25
聊城	86.36	520.83	136.84	16.74	0.08

表4-49 厦门与其都市圈备选城市间的引力强度和场强

城市	人口规模 （万人）	市辖区地区生产 总值（亿元）	与厦门的经济 距离（公里）	与厦门的 引力强度	厦门在该城市 所在位置的场强
厦门	325.61	3784.27	—	—	—
泉州	134.40	1490.27	51.93	184.19	0.41
漳州	51.51	716.79	18.56	619.46	3.22

表4-50 南宁与其都市圈备选城市间的引力强度和场强

城市	人口规模 （万人）	市辖区地区生产 总值（亿元）	与南宁的经济 距离（公里）	与南宁的 引力强度	南宁在该城市 所在位置的场强
南宁	314.61	2781.51	—	—	—
钦州	17.92	511.13	89.71	11.12	0.12
崇左	36.23	159.68	125.06	4.55	0.06

五、界定出我国20个都市圈的空间范围

观察各个大都市与其都市圈备选城市间引力强度和场强的空间变化，综合考虑后，设定临界值向量（50，0.5）。当某一个大都市与其都市圈某一个备选城市间的引力强度和到该城市所在地理位置的场强组合成的向量（U，S）优于或等价于向量（50，0.5）时，即引力强度值大于或等于50和场强值大于或等于0.5两个条件同时满足时，该城市被判定划入该都市圈的空间范围。以此方法，初步

界定出我国 20 个都市圈，如表 4−51 所示。

表 4−51 初步界定出我国 20 个都市圈及其包括的主要城市一览

序号	都市圈	核心城市	包含的主要城市
1	上海都市圈	上海	上海、苏州、无锡、常州、南通、嘉兴、湖州、绍兴、宁波
2	北京都市圈	北京	北京、廊坊、唐山、保定、沧州
3	重庆都市圈	重庆	重庆、南充、遂宁、资阳
4	广州都市圈	广州	广州、佛山、东莞、肇庆、清远、珠海、中山、江门、惠州
5	深圳都市圈	深圳	深圳、东莞、惠州、珠海、中山
6	天津都市圈	天津	天津、廊坊、唐山、沧州、保定
7	武汉都市圈	武汉	武汉、孝感、黄冈、鄂州、黄石、咸宁
8	成都都市圈	成都	成都、德阳、绵阳、资阳、眉山
9	南京都市圈	南京	南京、镇江、扬州、泰州、常州、无锡、滁州、马鞍山、芜湖
10	郑州都市圈	郑州	郑州、开封、洛阳、焦作、新乡、许昌
11	杭州都市圈	杭州	杭州、嘉兴、湖州、绍兴、宁波
12	沈阳都市圈	沈阳	沈阳、本溪、抚顺、辽阳、鞍山、铁岭、盘锦
13	西安都市圈	西安	西安、咸阳、渭南
14	合肥都市圈	合肥	合肥、六安
15	昆明都市圈	昆明	昆明、玉溪、曲靖
16	太原都市圈	太原	太原、晋中
17	长春都市圈	长春	长春、吉林
18	长沙都市圈	长沙	长沙、株洲、湘潭、益阳
19	济南都市圈	济南	济南、泰安、淄博
20	厦门都市圈	厦门	厦门、漳州

基于都市圈在地理上的连续性、生态和流域的关联性等界定原则及其他特殊因素，对上述我国 20 个都市圈的空间范围进行合理调整。洋山港区是上海国际航运中心的深水港区，对上海国际航运中心建设具有不可替代的重要作用，但其位于浙江省嵊泗县境内，而嵊泗县是舟山市下辖县。因此，考虑到上海市与舟山市下辖县之间的密切经济联系，把舟山市划入上海都市圈的空间范围。张家口和承德不仅是北京和天津的生态屏障，而且是两大直辖市重要的水源地，同时北京和张家口将联合举办 2022 年冬季奥运会。因此，为了保障北京和天津两大都市

的生态安全和用水安全，把张家口和承德都划入北京都市圈的空间范围，而把承德划入天津都市圈的空间范围。根据都市圈的界定方法，南充市被判定划入重庆都市圈的空间范围，而广安市却被判定未能划入重庆都市圈的空间范围，但广安市地处南充市与重庆市之间，破坏了都市圈在地理上具有连续性的界定原则。因此，为了保持都市圈在地理上的连续性，把广安市也划入重庆都市圈的空间范围。上海对无锡的引力强度要远远大于南京对无锡的引力强度，上海到无锡的场强也远远大于南京到无锡的场强，由此把无锡划入上海都市圈的空间范围，而不划入南京都市圈的空间范围。上海对宁波的引力强度要远远大于杭州对宁波的引力强度，上海到宁波的场强也远远大于杭州到宁波的场强，由此把宁波划入上海都市圈的空间范围，而不划入杭州都市圈的空间范围。杭州对绍兴的引力强度要远远大于上海对宁波的引力强度，杭州到绍兴的场强也远远大于上海到绍兴的场强，由此把绍兴划入杭州都市圈的空间范围，而不划入上海都市圈的空间范围。深圳对惠州的引力强度要远远大于广州对惠州的引力强度，深圳到惠州的场强也远远大于广州到惠州的场强，由此把惠州划入深圳都市圈的空间范围，而不划入广州都市圈的空间范围。从而，得到我国 20 个都市圈经过合理调整后的空间范围，如表 4 - 52 所示。

表 4 - 52　合理调整后的我国 20 个都市圈及其包括的主要城市一览

序号	都市圈	核心城市	包含的主要城市
1	上海都市圈	上海	上海、苏州、无锡、常州、南通、嘉兴、湖州、宁波、舟山
2	北京都市圈	北京	北京、廊坊、唐山、保定、沧州、张家口、承德
3	重庆都市圈	重庆	重庆、广安、南充、遂宁、资阳
4	广州都市圈	广州	广州、佛山、东莞、肇庆、清远、珠海、中山、江门
5	深圳都市圈	深圳	深圳、东莞、惠州、珠海、中山
6	天津都市圈	天津	天津、廊坊、唐山、沧州、保定、承德
7	武汉都市圈	武汉	武汉、孝感、黄冈、鄂州、黄石、咸宁
8	成都都市圈	成都	成都、德阳、绵阳、资阳、眉山
9	南京都市圈	南京	南京、镇江、扬州、泰州、常州、滁州、马鞍山、芜湖
10	郑州都市圈	郑州	郑州、开封、洛阳、焦作、新乡、许昌
11	杭州都市圈	杭州	杭州、嘉兴、湖州、绍兴
12	沈阳都市圈	沈阳	沈阳、本溪、抚顺、辽阳、鞍山、铁岭、盘锦

序号	都市圈	核心城市	包含的主要城市
13	西安都市圈	西安	西安、咸阳、渭南
14	合肥都市圈	合肥	合肥、六安
15	昆明都市圈	昆明	昆明、玉溪、曲靖
16	太原都市圈	太原	太原、晋中
17	长春都市圈	长春	长春、吉林
18	长沙都市圈	长沙	长沙、株洲、湘潭、益阳
19	济南都市圈	济南	济南、泰安、淄博
20	厦门都市圈	厦门	厦门、漳州

本书界定的我国20个都市圈，有9个位于东部沿海地区，主要集中在京津冀、长江三角洲和粤港澳大湾区三大经济最为发达的地区；5个在中部地区，4个在西部地区，东北地区只占2个。我国20个都市圈的空间分布与地区经济发展水平基本上保持一致。

六、都市圈在我国经济中扮演着举足轻重的角色

根据核心城市的人口规模，可以把我国20个都市圈划分为三个等级：第一等级包括上海都市圈、北京都市圈、重庆都市圈、广州都市圈和深圳都市圈共5个都市圈，它们的核心城市上海、北京、重庆、广州和深圳都是人口规模超千万的超大城市；第二等级包括天津都市圈、武汉都市圈、成都都市圈、南京都市圈、郑州都市圈、杭州都市圈和沈阳都市圈共7个都市圈，它们的核心城市天津、武汉、成都、南京、郑州、杭州和沈阳都是人口规模介于500万~1000万人的特大城市；第三等级包括西安都市圈、合肥都市圈、昆明都市圈、太原都市圈、长春都市圈、长沙都市圈、济南都市圈和厦门都市圈共8个都市圈，它们的核心城市西安、合肥、昆明、太原、长春、长沙、济南和厦门都是人口规模介于300万~500万人的I型大城市。第一、第二等级都市圈共同组成我国十二大都市圈，除深圳都市圈外，其他都市圈的区域面积都在4万平方公里以上，甚至超过10万平方公里，如北京都市圈、重庆都市圈等。

都市圈是我国经济最为发达或较为发达的区域。2018年，我国十二大都市圈的地区生产总值都在1万亿元以上，最高可达10万亿元以上；常住人口都在

2000 万以上，最高超过 7500 万人，如表 4 - 53 所示。经测算，我国十二大都市圈利用不到全国 1/10 的土地面积，承载了全国近 1/3 的常住人口，创造了全国近 1/2 的经济产出（减去了重复计算的部分）。除重庆都市圈和沈阳都市圈略低于全国平均水平外，其他十大都市圈的人均地区生产总值都超过全国平均水平，其中，上海都市圈、广州都市圈、深圳都市圈、南京都市圈和杭州都市圈的人均地区生产总值都在 10 万元以上。

表 4 - 53　2018 年我国十二大都市圈主要指标一览

都市圈	土地面积 （平方公里）	地区生产总值 （亿元）	常住人口 （万人）	人均地区生产总值 （元）
上海都市圈	51941	97749.47	7068.49	138289
北京都市圈	148261	50456.10	6018.51	83835
重庆都市圈	112311	25907.31	4641.27	55819
广州都市圈	61114	54288.67	4902.73	110732
深圳都市圈	19157	43151.06	3144.99	137206
天津都市圈	107494	37409.14	4980.51	75111
武汉都市圈	50977	22750.44	2842.27	80043
成都都市圈	53371	22183.01	3022.81	73385
南京都市圈	50613	41492.83	3572.73	116138
郑州都市圈	46924	24514.98	3541.16	69229
杭州都市圈	34561	26516.98	2257.79	117447
沈阳都市圈	63880	12618.30	2161.40	58380

资料来源：各市的土地面积来自民政部网站的全国行政区划信息查询平台，各市的地区生产总值和常住人口来自各市 2018 年国民经济和社会发展统计公报。

第五节　本章结论

改革开放以来，我国经济社会快速发展，工业化和城镇化进程快速推进，城市规模快速扩大。2016 年，我国共形成了 27 个人口规模在 300 万人以上的大都市，包括超大城市5个、特大城市8个和Ⅰ型大城市14个。随着区域经济发展，以大都市为核心的都市圈在我国较发达地区涌现。都市圈空间范围的大小受到作为核心城市的大都市规模、与大都市的地理距离远近、自然地理条件、交通基础设施、通信技术进步及应用、历史文化、行政体制等因素的综合影响。本章通过构建大都市对周边城市的引力模型，遵循以地级市为基本单元、辐射距离有限性、地理上保持连续性等原则，设定统一的引力强度和场强标准，界定出了我国20个都市圈的空间范围。根据核心城市的人口规模，可以把我国20个都市圈划分为三个等级：第一等级包括上海都市圈、北京都市圈、重庆都市圈、广州都市圈和深圳都市圈共5个都市圈，它们的核心城市上海、北京、重庆、广州和深圳都是人口规模超千万的超大城市；第二等级包括天津都市圈、武汉都市圈、成都都市圈、南京都市圈、郑州都市圈、杭州都市圈和沈阳都市圈共7个都市圈，它们的核心城市天津、武汉、成都、南京、郑州、杭州和沈阳都是人口规模介于500万~1000万人的特大城市；第三等级包括西安都市圈、合肥都市圈、昆明都市圈、太原都市圈、长春都市圈、长沙都市圈、济南都市圈和厦门都市圈共8个都市圈，它们的核心城市西安、合肥、昆明、太原、长春、长沙、济南和厦门都是人口规模介于300万~500万人的Ⅰ型大城市。第一、第二等级都市圈共同组成我国十二大都市圈。经测算，我国十二大都市圈利用不到全国1/10的土地面积，承载了全国近1/3的常住人口，创造了全国近1/2的经济产出（减去了重复计算的部分）。

第五章　我国都市圈产业协同发展的时空特征和圈层结构

第一节　引　言

都市圈从形成到成熟大致可分为形成、成长和成熟三个阶段。在都市圈的成长阶段，大都市作为核心城市，专业化于生产中间制造品的高技术制造业，外围城市专业化于一般制造业，其中很多一般制造业企业需要核心城市生产的中间制造品作为中间投入品。在都市圈的成熟阶段，核心城市专业化于生产中间服务品的生产性服务业，外围城市专业化于制造业，其中许多制造业企业需要核心城市生产的中间服务品作为中间投入品。因此，在都市圈的成长和成熟阶段，核心城市与外围城市之间逐渐形成越来越密切的产业投入产出联系，从而形成了互促互进、共生协同的关系。

在都市圈的成长阶段，核心城市与外围城市之间的产业联系由中间制造品供求主导形成，称之为第一类产业联系。在都市圈的成熟阶段，核心城市与外围城市之间的产业联系由中间服务品即生产性服务供求主导形成，称之为第二类产业联系。其实，当都市圈进入成熟阶段，几乎所有的核心城市都会存在外围城市发展不了的高精尖制造业，一部分高精尖制造品作为外围城市制造业企业产品生产的中间投入品。因此，第一类产业联系在都市圈的成熟阶段可能会长期存在，只不过不呈现为核心城市在都市圈中的专业化功能。此外，在现实世界里，无论是在都市圈形成前，还是在都市圈形成后，核心城市和外围城市的最终消费品生产企业都在通过竞争占领都市圈内的消费者市场，尤其是核心城市巨大旺盛的消费者市场，即核心城市与外围城市之间还存在广泛的市场联系。在都市圈内，第一类产业联系和第二类产业联系构成了核心城市与外围城市产业协同发展的两种动力。这两种动力不仅增强了核心城市对外围城市发展的辐射带动作用，而且还促进了都市圈不断发展壮大。

随着通信技术的进步及应用，我国大都市逐步转向服务型经济，产业结构普遍以生产性服务业和高新技术制造业为主，第二类产业联系在大都市对周边城市发挥辐射带动作用中的主导地位越来越突出，成为我国都市圈产业协同发展的主要动力。众所周知，都市圈存在圈层结构，其实，这种圈层结构主要体现为都市圈产业协同发展的圈层结构，是由核心城市辐射力遵循距离衰减原则造成的。那么，生产性服务业与制造业之间的作用机理是什么？都市圈内生产性服务业在现实中有着怎样的空间特征？我国都市圈产业协同发展的时空特征是什么？其又存在怎样的圈层结构？对这些问题的深入研究，对于我国强化大都市的辐射带动功能和推进都市圈高质量发展都具有重要的现实价值，对于深化都市圈的认识和研究也都具有重要的理论意义。

第二节　都市圈生产性服务业与制造业的协同发展

在都市圈发展过程中，随着核心城市经济社会发展水平的不断提高，核心城市产业发展加快向服务化转型，尤其是生产性服务业的占比快速提高。当都市圈发展到一定水平时，核心城市生产性服务业与外围城市制造业之间的产业联系成为都市圈产业协同发展的主要动力来源。与制造业不同，都市圈核心城市的生产性服务业为外围城市的制造业提供生产性服务高度依赖于通信技术进步及普及，且具有独特的运行机理。

一、生产性服务业发展的理论探讨

"二战"后，西方发达国家的经济普遍快速发展，其中的一个重要特点就是国家经济尤其是核心区域经济的服务型特征越来越显著，生产性服务业逐渐成为服务业中发展最快的部分和资本的投资重点，甚至取代制造业逐步成为经济增长的主要动力和创新源泉。这一现象首先引起了国外学者的关注和研究兴趣，学术成果层出不穷。

1. 生产性服务业的概念及其内涵

生产性服务业在国外称作生产者服务业（Producer Services）。1973 年，美国经济学家 Machlup 出版专著 *The Production and Distribution of Knowledge in the United States*，最早提出了生产者服务业的概念。他界定生产者服务业为产出知识的产业，即这种产业的产出必须是知识型产品（Machlup，1973）。在他之前，配第、克拉克、罗斯托等经济学家的学术研究都有涉及生产性服务业的内容。生产性服务业的产出是一种市场化的中间投入服务，即可用于货物或其他服务生产经营投入的非最终服务产品。生产性服务业在货物或其他服务的生产经营过程中发挥着中间功能，不仅包括上游的服务活动，也包括下游的服务活动。生产性服务业的服务对象是为消费者提供最终商品和服务的生产者。Greenfield（1966）指出，生产性服务业是主要面向生产者提供服务的服务业，市场主体可以是企业，也可以是非营利性机构和政府。

国外学者对生产性服务业的认识经历了不断深化的过程。Browning 和 Singelman（1975）指出，生产性服务业属于知识密集型产业，应该包括金融服务、商务服务、保险服务、法律服务、经纪服务等专业性服务业。Howells 和 Green（1986）认为，广告、市场研究等商务服务业和会计、研究与开发等职业和科学服务业也应该属于生产性服务业的范畴。Daniels（1985）认为，货物储存和分配以及办公清洁和安全等服务业也应该属于生产性服务业的范畴。香港贸易发展局则把生产者服务分为专业技术服务、金融保险服务、信息和中介服务和与贸易相关服务四类。Marshall 等（1987）认为生产性服务业包括与信息处理相关的生产性服务业、与实物商品相关的生产性服务业和与个人支持相关的生产性服务业三类。而 Martinelli（1991）则认为生产性服务业应该包括与资源分配和流通相关的活动、产品和流程设计及与创新相关的活动、与生产组织和管理本身相关的活动、与生产本身相关的活动和与产品推广和配销相关的活动五类。

金融服务（Financing Service）、保险服务（Insurance Service）和商务服务（Business Service）等服务业属于传统的生产性服务业，在国外的研究文献中房地产服务（Real Estate Service）也归为生产性服务业的范畴，合称为 FIRB。随着经济的不断发展和劳动分工的进一步深化，新的生产性服务业类型也在逐步出现，如广告服务、会计服务、律师服务、咨询服务等，国外文献把这些新兴产业称为现代生产性服务业（Advanced Producer Services，APS）。相对于传统的生产性服务业，从事现代生产性服务业的企业规模较小，需要更多、更高水平的知识投入，其定制化服务特点突出。一般来说，技术密集和知识密集是生产性服务业尤其是现代生产性服务业的突出特征（李江帆、毕斗斗，2004）。格鲁伯和沃克（1989）用生产过程中的重要专家组来比喻生产性服务的提供者。

2. 生产性服务业的作用

生产性服务业贯穿于社会总生产的各个环节，具有智力密集、成长快、高就业、高集聚、辐射广的特点，在现代服务业中居于核心地位（胡晓鹏，2008）。生产性服务业的知识密集型和技术密集型特征，从根本上改变了服务产品的性质和服务业在国民经济中的地位。作为经济的黏合剂，生产性服务业对推动经济增长、增加就业、提高生产效率和竞争力都具有重要的促进作用。

生产性服务业在经济增长和就业方面做出了重要贡献。加拿大及部分OECD国家的数据显示，生产性服务业增加值约占国内生产总值的30%，占服务业增加值的比重一般超过50%（格鲁伯和沃克，1989）。格鲁伯和沃克（1989）指出，生产性服务业是发达国家服务业最大的组成部分，同时也是增长最快的组成部分。Harrington（1995）指出，生产性服务业的发展对区域就业、收入和税收增长都有直接或间接的贡献。Coffery（2000）研究表明，"二战"后发达国家生产性服务业的就业增长最为迅速，在投资、技术和创新等方面的战略性角色越来越突出。

生产性服务业衍生于劳动分工的不断深化，逐步提高了各类经济活动的专业化水平，从而促使制造业和其他服务业的生产效率和竞争力得到大大提升。Hansen（1990）指出，生产性服务业与其他经济部门之间的经济联系日益密切，生产性服务业发展提升了整个经济的劳动生产率和收入水平。Selya（1994）发现，生产性服务业发展提高了制造业的竞争力。Harrington（1995）发现，生产性服务业发展提高了区域的生产效率和竞争力。Macpherson（1997）对纽约州制造业企业的研究表明，生产性服务业发展推进了制造业的技术进步和创新。

二、生产性服务业与制造业协同发展的微观机理

生产性服务业脱胎于生产制造业，并为生产制造业提供生产性服务（刘志彪，2006）。生产性服务业的发展离不开制造业；反过来，生产性服务业发展又促进了制造业的发展，生产性服务业与制造业之间存在紧密的共生协同发展

关系。

1. 生产性服务业与制造业共生协同的发展关系

对于生产性服务业与制造业之间的关系问题，目前学术界主要存在以下四种观点：需求遵从论、供给主导论、互动论和融合论（顾乃华等，2006），前两者和后两者分别被合称为"二分法"和"团块法"（钟韵和闫小培，2005）。"二分法"把制造业视作经济活动的中心，生产性服务业附属于制造业而发展（胡晓鹏，2008）。Juleff（1996）认为，生产性服务业的发展依赖于制造部门，并服务于制造部门。Coffer（2000）认为，生产性服务业是一种中间性投入产业，在其他产业间扮演着中间连接的重要角色。"团块法"认为生产性服务业与制造业之间是互动互促的关系（胡晓鹏，2008）。Juleff（1996）通过对英国利兹和谢菲尔德两大城市的调查研究认为，高级生产性服务业（APS）最主要的需求并不是来自制造业，而是存在更为显著的自我需求。Pilat 和 Wölfl（2005）也认为服务业的自我需求要比制造业对服务业的需求程度更高。程大中（2008）指出，服务业的增长更多地依赖于自我增强作用。陈宪和黄建锋（2004）对中国的实证研究表明，生产性服务业与制造业之间存在一种动态的互补互动机理。通信技术是服务业与制造业融合发展的"黏合剂"（陈宪和黄建锋，2004）。随着通信技术的进步和普及，生产性服务业与制造业之间逐渐呈现出融合发展的趋势（顾乃华等，2006）。

生产性服务业与制造业之间的共生协同发展主要表现在以下两个方面：一方面，制造业对生产性服务的投入需求是生产性服务业发展的动力来源。作为制造品生产的中间投入服务，制造业发展不断产生对生产性服务的需求，生产性服务业得以不断发展。没有制造业，生产性服务业就失去了产生和发展的缘由。世界各国的发展经验表明，制造业比较发达的国家和地区，其生产性服务业发展一般也比较繁荣和兴旺。Karaomerlioglu 和 Carlsson（1999）对美国的投入产出数据分析表明，1987～1994年，美国投入制造部门的生产性服务增长了1倍，接近全部生产性服务产出的一半。吕政等（2006）将生产性服务业的发展阶段划分为种子期、成长期和成熟期三个阶段，在种子期，生产性服务业的服务对象主要是指技术和知识密集型制造业企业。他们指出，随着生产性服务业由种子期逐渐发展到成熟期，生产性服务业的服务对象不再局限于技术和知识密集型制造业，其他类型的制造业也逐渐开始对生产性服务产生投入需求。另一方面，生产性服务业发展有力地支撑了制造业的良性发展。金融、商务、设计、法律、咨询、技术、会计等生产性服务部门都对制造业发展起着重要的支持作用。Hansen（1994）的研究指出，制造业对生产性服务的需求投入能够提高劳动生产率和产品附加值。相关资料显示，制造业高达75%～85%的产品价值构成与生产者服务活动有关。Macpherson（1997）对纽约制造企业的研究发现，外在技术服务能够在很大程度上促进企业的创新绩效。顾乃华等（2006）对中国经济转型期的研究发现，生产性服务业发展对制造业的竞争力具有显著的提升作用。顾乃华（2011）基于HLM模型对我国城市的研究表明，城市对生产性服务业的集聚对于提升本地工业全要素生产率具有显著的促进作用。

2. 生产性服务业与制造业协同发展的理论模型

新经济地理学理论为解释产业间的投入产出关系提供了具有说服力的理论框架，但是其不能解释新产业是如何产生的。生产性服务业衍生于生产制造业，运用经典理论来演绎生产性服务业是如何从生产制造业中产生并脱离生产制造业成为新的产业，对生产性服务业与制造业共生协同发展的内在机理具有重要的解释力。

Shi 和 Yang（1995）运用超边际分析方法诠释了新产业是如何从劳动分工的演进中出现的。但是，Shi 和 Yang（1995）对新产业出现的论述限于制造业层面，没有涉及服务业（李勇等，2010）。李勇等（2010）把 Shi 和 Yang（1995）模型中的食物替换制造业，其他产品统称为生产性服务业，来说明生产性服务业与制造业互动发展的机理模型，似乎有些不妥。根据 Guerrieri 与 Meliciani（2005）的研究，发现 FCB 服务（金融、通信、商务等生产性服务）的广泛使用者主要是知识和技术密集型制造业企业，而劳动密集型制造业企业相对较少。不同于李勇等（2010），本书尝试在 Shi 和 Yang（1995）模型的基础上，运用超边际分析方法把 Shi 和 Yang（1995）模型中的产业重新架构，来说明生产性服务业与制造业之间是如何在劳动分工深化过程中互动发展的。

考虑一个经济体中，有事前完全相同的消费者—生产者 M 个，且 M 是一个连续统。所有的消费者—生产者都要消费初级制造品 Q，每个消费者—生产者的事前消费函数为：

$$U = \ln(q + kq^d) \tag{5-1}$$

其中，q 表示初级制造品 Q 的自给量，q^d 表示初级制造品 Q 的购买量，k 表示交易效率。初级制造品 Q 既可以使用劳动力直接生产，也可以通过使用简单工具 X、复杂工具 Y 或 X 与 Y 联合起来与劳动力相结合进行生产。初级制造品 Q

的事前生产函数为：

$$q^p \equiv q + q^s = \max \left\{ l_q - a, \ (x + kx^d)^{\frac{1}{3}} (l_q - a), \ (y + ky^d)^{\frac{1}{3}} (l_q - a), \right.$$
$$\left. (x + kx^d)^{\frac{1}{3}} (y + ky^d)^{\frac{1}{3}} (l_q - a) \right\} \tag{5-2}$$

其中，q^p 表示初级制造品 Q 的产出量，q^s 表示初级制造品 Q 的售卖量，l_q 表示生产初级制造品 Q 所占用的时间量，x 表示简单工具 X 的自给量，x^d 表示简单工具 X 的购买量，y 表示复杂工具 Y 的自给量，y^d 表示复杂工具 Y 的购买量，而 a 则表示学习每项技能所占用的固定时间。在方程（5-2）中，如果 $x + kx^d > 1$，则 $(x + kx^d)^{\frac{1}{3}} (l_q - a) > (l_q - a)$，表示初级制造品使用简单工具 X 进行生产比不使用简单工具 X 的生产效率高；如果 $y + ky^d > 1$，则 $(y + ky^d)^{\frac{1}{3}} (l_q - a) > (l_q - a)$，表示初级制造品使用复杂工具 Y 进行生产比不使用复杂工具 Y 的生产效率高；如果 $y + ky^d > x + kx^d > 1$，则 $(x + kx^d)^{\frac{1}{3}} (y + ky^d)^{\frac{1}{3}} (l_q - a) > (y + ky^d)^{\frac{1}{3}} (l_q - a) > (x + kx^d)^{\frac{1}{3}} (l_q - a) > (l_q - a)$，表示初级制造品 Q 使用复杂工具 Y 进行生产比使用简单工具 X 的生产效率高，同时使用这两种工具来生产初级制造品 Q 的生产效率更高。

简单工具 X 可以直接使用劳动力来进行生产，其事前生产函数为：

$$x^p \equiv x + x^s = \max\{l_x - a, \ 0\} \tag{5-3}$$

其中，x^p 表示简单工具 X 的生产量，x^s 表示简单工具 X 的售卖量，l_x 表示简单工具 X 的生产所占用的时间量。

复杂工具 Y 的生产不仅需要投入劳动力，而且需要同时使用生产性服务 W。复杂工具 Y 的事前生产函数为：

$$y^p \equiv y + y^s = \max\left\{ (w + kw^d)^{\frac{1}{2}} (l_y - a), \ 0 \right\} \tag{5-4}$$

其中，y^p 表示复杂工具 Y 的生产量，y^s 表示复杂工具 Y 的售卖量，w 表示生产性服务 W 的自给量，w^d 表示生产性服务 W 的购买量，l_y 表示复杂工具 Y 的生产所占用的时间量。

生产性服务 W 的生产仅需要投入劳动力，其事前生产函数为：

$$w^p \equiv w + w^s = \max\{l_w - a, \ 0\} \tag{5-5}$$

其中，w^p 表示生产性服务 W 的生产量，w^s 表示生产性服务 W 的售卖量，l_w 表示生产性服务 W 的生产所占用的时间量。

假定每个消费者—生产者事前全部可用于生产的时间总量为 24，则有：

$$l_q + l_x + l_y + l_w = 24 \tag{5-6}$$

在上述方程中，$l_i \in [0, 24]$，$i = q$、x、y 或 w，可以把 l_i 看作是每个生产者—消费者生产产品 i 的专业化水平。无论是生产工具 X 和 Y，还是生产性服务 W，它们都可以看作是初级制造品 Q 生产活动的中间投入品，生产工具 X 和 Y 是初级制造品 Q 生产活动的直接性中间投入品，生产性服务 W 是复杂工具 Y 生产活动的直接性中间投入品和初级制造品 Q 生产活动的间接性中间投入品。这些使用中间投入品的产品生产模式被 Young（1928）称为迂回生产，作为直接用于同一种产品生产活动的中间投入品属于同一个迂回生产链条，一种产品迂回生产的链条个数称作这种产品的生产迂回度。

3. 生产性服务业与制造业互动发展的演化机理

在上述模型中，初级制造品 Q 和生产工具 X、Y 可以看作是制造业的代表，生产性服务 W 可以看作是生产性服务业的代表。根据新兴古典经济学理论，在交易效率很低的情况下，产品交易产生的交易费用过高，劳动分工不会出现，每一个消费者—生产者都会选择自给自足。这时，有四种结构供每一个消费者—生产者选择来生产初级制造品 Q，如图 5-1 所示：A(Q) 代表在初级制造品 Q 的生产活动中不使用任何生产工具，仅需要投入劳动力，也就不存在生产工具及其相关中间投入品的生产活动；A(XQ) 代表在初级制造品 Q 的生产活动中不仅要投入劳动力，而且使用简单工具 X，这时复杂工具 Y 及生产性服务 W 没有被生产；A(WYQ) 代表在初级制造品 Q 的生产活动中不仅投入劳动力，且使用复杂工具 Y，这时就出现了生产性服务 W 的生产活动，且简单工具 X 没有被生产；A(WYXQ) 代表在初级制造品 Q 的生产活动中不仅要投入劳动力，而且要同时使用生产工具 X 和 Y，这时所有的产品都被生产出来，且这时的均衡解分别为：

$$A\ (Q): U(A_1) = \ln(24 - a)$$

$$A\ (XQ): U(A_2) = \ln 3 \left(\frac{24 - 2a}{4} \right)^{\frac{4}{3}} = \frac{4}{3} \ln \left(\frac{24 - 2a}{4} \right) + \ln 3$$

$$A\ (WYQ): U(A_3) = \ln 3 \left(\frac{24 - 3a}{9} \right)^{\frac{3}{2}} 2^{\frac{4}{3}} = \frac{3}{2} \ln \left(\frac{24 - 3a}{9} \right) + \frac{4}{3} \ln 2 + \ln 3$$

$$A\ (WYXQ): U(A_4) = \ln 3 \left(\frac{24 - 4a}{11} \right)^{\frac{11}{6}} 2^{\frac{5}{3}} = \frac{11}{6} \ln \left(\frac{24 - 4a}{11} \right) + \frac{5}{3} \ln 2 + \ln 3$$

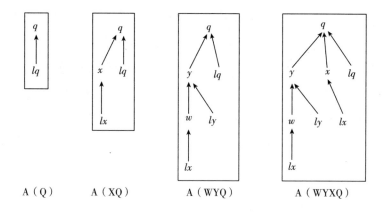

A (Q) A (XQ) A (WYQ) A (WYXQ)

图 5 - 1 交易效率极低时的四种自给自足结构

注：图中箭头的方向表示投入。

新兴古典经济学理论认为，随着交易效率的不断提高，产品交易将产生的费用就会逐渐降低。当交易费用降低到一定程度时，专业化经济带来的好处超过产品交易产生的费用，人们自给自足的生产—消费模式就会被打破，每个人不再生产所有消费和使用到的产品，而通过互相交换来获得，劳动分工出现且不断深化。

分工结构 B 表示初级制造品 Q 和简单工具 X 的生产实现了完全专业化，复杂工具 Y 和生产性服务 W 都没有被生产，如图 5 - 2 所示。这时，初级制造品 Q 和简单工具 X 的交易市场出现，制造业内部出现行业分离，生产初级制造品 Q 的迂回度为 2。分工结构 B 的均衡解为：

$$U(B) = \ln \frac{1}{3} 2^{\frac{2}{3}} k^{\frac{2}{3}} (24 - a)^{\frac{4}{3}} = \frac{4}{3} \ln(24 - a) + \frac{2}{3} \ln 2k - \ln 3$$

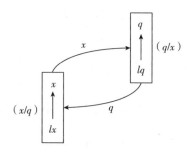

图 5 - 2 交易效率提高后的分工结构 B

注：括号中，斜线前的字母表示售卖的商品，斜线后面的字母表示购买的商品。

分工结构 C 表示所有产品的生产都没有实现完全专业化，但出现了部分专业化，如图 5 - 3 所示。在这种分工结构中，一类不完全专业化的生产者同时生产初级制造品 Q 和简单工具 X，购买复杂工具 Y，售卖初级制造品 Q；另一类不完全专业化的生产者同时生产工具 Y 和生产性服务 W，售卖复杂工具 Y，购买初级制造品 Q。分工结构 C 的均衡解为：

$$U(C) = \ln 3^{-\frac{1}{3}} 2^{-\frac{5}{3}} k^{\frac{2}{3}} (24 - 2a)^{\frac{11}{6}} = \frac{11}{6} \ln(24 - 2a) + \frac{2}{3} \ln k - \frac{5}{3} \ln 2 - \frac{1}{3} \ln 3$$

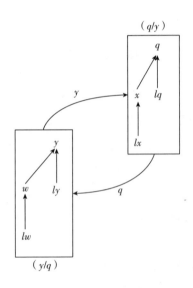

图 5 - 3　交易效率提高后的分工结构 C

分工结构 D 表示初级制造品 Q 和简单工具 X 的生产实现了完全专业化，复杂工具 Y 的生产活动也出现了，但没有实现完全专业化，如图 5 - 4 所示。在这种分工结构中，完全专业化的初级制造品生产者同时购买简单工具 X 和复杂工具 Y，售卖初级制造品 Q；完全专业化的简单工具 X 生产者售卖简单工具 X，购买初级制造品 Q；不完全专业化的复杂工具 Y 生产者同时生产复杂工具 Y 和生产性服务 W，售卖复杂工具 Y，购买初级制造品 Q。分工结构 D 的均衡解为：

$$U(D) = \ln \frac{1}{3} 2^{\frac{1}{3}} k^{\frac{4}{3}} \left(\frac{24 - 2a}{3}\right)^{\frac{1}{2}} (24 - a)^{\frac{4}{3}} = \frac{1}{2} \ln(24 - 2a) + \frac{4}{3} \ln(24 - a) +$$

$$\frac{4}{3} \ln k + \frac{1}{3} \ln 2 - \frac{3}{2} \ln 3$$

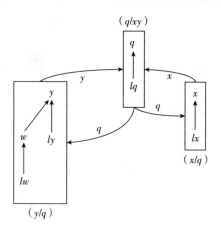

图5-4　交易效率提高后的分工结构 D

分工结构 E 表示初级制造品 Q、简单工具 X、复杂工具 Y 和生产性服务 W 的生产都实现了完全专业化，如图5-5所示。在这种分工结构中，完全专业化的初级制造品生产者购买简单工具 X 和复杂工具 Y，售卖初级制造品 Q；完全专业化的简单工具 X 生产者售卖简单工具 X，购买初级制造品 Q；完全专业化的复杂工具 Y 生产者售卖复杂工具 Y，购买生产性服务 W 和初级制造品 Q；完全专业化的生产性服务 W 生产者售卖生产性服务 W，购买初级制造品 Q。分工结构 E 的均衡解为：

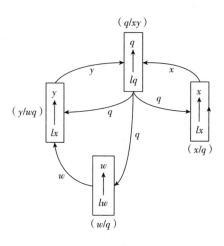

图5-5　交易效率提高后的分工结构 E

$$U(E) = \ln \frac{1}{3} 2^{\frac{1}{2}} k^{\frac{3}{2}} (24-a)^{\frac{11}{6}} = \frac{11}{6} \ln(24-a) + \frac{3}{2} \ln k + \frac{1}{2} \ln 2 - \ln 3$$

求得四种分工结构的角点解后，再求解满足均衡的交易效率 k 的临界值，分别为：

$$k_1 = 2^5 3^2 \left[\frac{12-2a}{11(12-a)} \right]^{\frac{11}{4}}$$

$$k_2 = 2^{-\frac{13}{5}} 3^{\frac{4}{5}} \left(\frac{24-2a}{24-a} \right)^{\frac{11}{5}}$$

$$k_3 = 2^{-\frac{3}{2}} 3^2 (24-2a)^{-\frac{3}{4}}$$

$$k_4 = 2^{\frac{5}{2}} 3^{\frac{1}{2}} (24-a)^{\frac{3}{2}} (24-2a)^{-\frac{11}{4}}$$

$$k_5 = \frac{1}{2} 3^{\frac{3}{2}} (24-a)^{-\frac{1}{2}}$$

$$k_6 = 2^{-\frac{1}{3}} 3^{\frac{2}{3}} (24-a)^{-\frac{5}{9}}$$

通过以上分工结构的均衡解和交易效率的临界值，我们可以得到固定学习费用和交易效率不同条件下劳动分工的演进轨迹：

观察表 5−1，我们可以发现，人们对产品的生产和消费由自给自足状态向劳动分工状态的演进不仅与交易效率 k 有关，而且与产品生产技能的固定学习费用 a 也有关。

表 5−1　固定学习费用和交易效率不同条件下劳动分工的演进轨迹

a	(23.5, 24)		(7.8, 23.5)		(3.57, 7.8)		
k	$< k_6$	$> k_6$	$< k_5$	$> k_5$	$< k_4$	(k_4, k_2)	$> k_2$
分工结构	A (Q)	E	A (Q)	B	A (Q)	C	E
a	(3.57, 0.92)			(0, 0.92)			
k	$< k_3$	(k_3, k_2)	$> k_2$	$< k_1$	(k_1, k_2)	$> k_2$	
分工结构	A (XQ)	C	E	A (WYXQ)	C	E	

当 $a \in$ (23.5, 24)，$k < k_6$ 时，即产品生产技能的固定学习费用极高，而交易效率又非常低时，U(A_1) 是一般均衡解。这时，只有一种产品即初级制造品 Q 被生产出来，没有中间产品，生产迂回度为 0，且每个消费者—生产者都处于自给自足的状态；当交易效率 k 改进并超过 k_6 时，一般均衡解由 U(A_1) 演变为

U(E)，完全分工出现，出现 3 种中间产品，产品种类数为 4 种，生产迂回度提高到 2。

当 $a \in$ (7.8, 23.5)，$k < k_5$ 时，即产品生产技能的固定学习费用尽管有所降低，但仍然非常高，而交易效率又非常低时，U(A_1) 仍然是一般均衡解。这时，只有一种产品即初级制造品 Q 被生产出来，没有中间产品，生产迂回度为 0，且每个消费者—生产者都处于自给自足的状态；当交易效率 k 提高并超过 k_5 时，一般均衡解由 U(A_1) 演变为 U(B)，完全分工出现，出现 1 种中间产品，产品种类数为 2 种，生产迂回度提高到 2。

当 $a \in$ (3.57, 7.8)，$k < k_4$ 时，即产品生产技能的固定学习费用进一步降低，但依然较高，而交易效率又非常低时，U(A_1) 依然是一般均衡解。这时，只有一种产品即初级制造品 Q 被生产出来，没有中间产品，生产迂回度为 1，且每个消费者—生产者都处于自给自足的状态；当交易效率 k 提高并超过 k_4 时，一般均衡解由 U(A_1) 演变为 U(C)，出现不完全分工，出现 3 种中间产品，每个人同时生产两种产品，产品种类数有 4 种，生产迂回度提高到 2；当交易效率 k 继续提高并超过 k_2 时，一般均衡解由 U(C) 演变为 U(E)，出现完全分工，每个人只生产一种产品，仍然是 3 种中间产品，产品种类数仍然是 4 种，生产迂回度仍然是 2。

当 $a \in$ (0.92, 3.57)，$k < k_3$ 时，即产品生产技能的固定学习费用继续降低，而交易效率又非常低时，U(A_2) 是一般均衡解。这时，有 1 种产品即初级制造品 Q 和简单工具 X 被生产出来，出现 1 种中间产品，生产迂回度为 1，但每个消费者—生产者仍处于自给自足的状态；当交易效率 k 提高并超过 k_3 时，一般均衡解由 U(A_2) 演变为 U(C)，出现不完全分工，出现 3 种中间产品，每个人同时生产 2 种产品，产品种类数有 4 种，生产迂回度提高到 2；当交易效率 k 继续提高并超过 k_2 时，一般均衡解由 U(C) 演变为 U(E)，出现完全分工，每个人只生产一种产品，仍然是 3 种中间产品，产品种类数仍然是 4 种，生产迂回度仍然是 2。

当 $a \in$ (0, 0.92)，$k < k_1$ 时，即产品生产技能的固定学习费用已经降到很低的水平，而交易效率又非常低时，U(A_4) 是一般均衡解。这时，有 4 种产品即初级制造品 Q、简单工具 X、复杂工具 Y 和生产性服务 W 都被生产出来，出现 3 种中间产品，生产迂回度为 2，但每个消费者—生产者仍处于自给自足的状态；

当交易效率 k 提高并超过 k_1 时，一般均衡解由 U(A_2) 演变为 U(C)，出现不完全分工，每个人同时生产两种产品，生产迂回度仍然为 2；当交易效率 k 继续提高并超过 k_2 时，一般均衡解由 U(C) 演变为 U(E)，出现完全分工，每个人只生产一种产品，生产迂回度依然是 2。

总之，在上述 5 种劳动分工的演进路径中，无论产品生产技能的固定学习费用高低如何，当交易效率提高到超过相应的临界值时，生产性服务的生产活动就会从制造业中分离出来，且独立发展成为一种新的产业类型。由此，我们可以得出以下结论：

随着交易效率的改进，制造业内部的劳动分工首先出现，制造品市场出现并不断发展，生产性服务作为某些制造品的中间投入品在制造品生产活动的内部进行生产；随着交易效率的进一步提高，生产性服务的生产活动从制造品的生产活动中分离出来并发展成为一种新的产业类型即生产性服务业。专业化经济的存在使生产性服务业的生产成本降低，同时降低了制造业对生产性服务的投入成本，进而推动了制造业加快发展；反过来，制造业的快速发展又扩大了对生产性服务的需求，从而带动生产性服务业快速发展。

三、都市圈生产性服务业的空间集聚

生产性服务业属于典型的知识密集型产业，其高度集聚于全球各国的大都市内，尤其是北美、西欧和日本等发达地区和国家的大都市，形成大都市增强综合竞争力的新力量，极大地提升了大都市面向区域乃至全球的综合服务功能，而围绕这些大都市几乎都形成了规模不同的都市圈甚或城市群，即这些大都市作为所在都市圈抑或城市群的核心城市而存在。20 世纪 80 年代，美国生产性服务业的90% 左右都集聚在大都市区，就业占比高达 83%（Beyers，1993）。21 世纪初，美国大都市区生产性服务业的就业份额是非大都市区的两倍以上（Thompson，2004）。Gillespie 和 Green（1987）对英国的研究发现，英国的生产性服务业高度集聚在伦敦大都市区。Coffey 和 Mcrae（1990）也发现加拿大的生产性服务业高度集聚在大都市区内。Illeris 和 Sjoholt（1995）对北欧各国的实证研究表明，北欧各国首都和一些大都市区的生产性服务业区位商大于 1，而非大都市区则都小于 1，仅首都就集中了本国生产性服务业的 70% 以上。学者对亚太地区生产性服务业空间分布的研究也得出了相似的结论，即生产性服务业主要集聚在首都、大都市、重要节点城市和门户城市（陈冠位等，2003；程大中和陈福炯，2005；马

风华和刘俊，2006；黄雯和程大中，2006；李文秀，2008）。

Scott（1988）认为，为了增强核心竞争力和降低可能的风险，企业把不重要的技术或部门分离出去，由内部供给转变为外部购买，更加专注于核心生产环节。生产性服务业被从企业内部转移出来以后，服务外包活动越来越多，由此弹性生产体系形成了。面对面接触（Face - to - face Interaction/Contact）是生产性服务业企业为客户提供服务和获得辅助性服务的两个至关重要的环节（Coffey 和 Mcrae，1990）。李文秀和谭力文（2008）指出，与制造业企业集聚主要追求成本节约不同，服务业企业集聚追求的主要是收益增进。生产性服务业企业的产出是一种虚拟性服务（Hertog，2000），尽管通过文字、图形、数据等方式已经可以很方便地传输传统的可编码信息（Codified Information），但是像个人的技能、经验、行为等非标准化的默会信息（Tacit Information）很难通过上述方式传输（Muller 和 Zenker，2001），而生产性服务业又对这些默会信息有着强烈的内在需求，面对面接触对生产性服务业发展来说就变得至关重要了。因此，面对面接触就成为多数学者用来解释生产性服务业企业集聚在一起的最重要因素（申玉铭等，2009）。诸如交通便利、信息获取、技术扩散等因素都是面对面接触引发的促进生产性服务业企业空间集聚的更为具体的原因（Clapp，1980；Baro 和 Soy，1993；Aguilera，2003；Elliott，2005）。面对面接触传播的默会信息不仅对生产性服务业企业与客户之间的有效沟通和业务开展至关重要，而且有利于提升生产性服务业企业的竞争优势和创新能力（Hertog，2000；Muller 和 Zenker，2001；Coffey 和 Shearmur，2002；Taylor 等，2003）。Alexander（1979）对伦敦、多伦多、悉尼等城市事务所的调查发现，便于同政府部门接触、接近顾客和上下游关联企业等是这些机构的经营者选择空间集聚的目的。

"事前定价，事后检验"是服务业的产业特性，供需双方的信息不对称使服务效用的不确定性提高，很容易导致机会主义和道德风险行为的发生，造成企业间的交易成本很高，这对于生产性服务业企业来说，尤为明显。面对面接触有利于企业更容易了解到对方的相关信息，也有利于增强企业彼此之间的信任，大大降低了企业的交易成本和经营风险，使生产性服务业企业更加倾向于集聚（Pandit 和 Cook，2003）。生产性服务业企业的空间集聚可以降低经济环境快速变化所导致的不确定性，从而降低经营风险（Senn，1993）。Pandit 等（2001）对金融业集聚机理的研究认为，金融服务的供应方便于获得专业化人才和相互间的支持性服务，而需求方则有利于提高企业声誉，更有利于充分获取客户信息和长期维护客户关系。

集聚本身就是形成促进集聚进一步强化的原因。集聚有利于企业共享中间投入品和基础设施，如专业化的劳动力市场、交通和通信基础设施等，降低了企业的生产成本和交易成本，从而把其他地区的企业吸引过来。Illeris（1989）认为，空间集聚形成的人力资本"蓄水池"效应，有利于生产性服务业企业更方便地获得前后向联系的机会。集聚便于企业相互学习和获得新知识，促使创新更容易发生或持续发生。Keeble 和 Nacham（2002）的对比研究认为，生产性服务业集群内存在的非正式的社会关系网络、知识和技能劳动力在企业间的交流和流动等学习机制有利于集聚企业获得新的信息和知识，从而强化集聚企业在市场竞争中的优势。

通信技术的发展使信息传输更为容易，且有效性更高。但是，通信技术发展对生产性服务业企业集聚的影响是双重的。一方面，通信技术变革从根本上改变了信息传输的途径和手段，企业可以非常便捷地获得大量自己需要的信息，且信息的真实性和有效性大大提高，生产性服务业企业与客户的地理接近性就变得没有原来那么重要了，更加追求与其他生产性服务业企业之间的空间集聚。另一方面，通信技术的发展又会使那些与易标准化信息、易编码信息、信息不确定性较低相关的生产性服务业企业和部门对面对面接触的需求大大降低，为了规避要素价格高企等因素造成的"集聚不经济"，可能要放弃集聚。很多学者认为通信技术发展有可能导致生产性服务业由集聚转向分散。然而，对于那些信息编码和标准化难度很大、风险和不确定性很高的生产性服务业来说，面对面接触仍是至关重要，通信技术发展与这些生产性服务业集聚往往是互补互促的关系（Esparza 和 Krmence，1994；Gaspar 和 Glaeser，1998），这些生产性服务业企业的空间集聚度不但不会降低，可能还会更高。因此，通信技术发展对不同类型的生产性服务业集聚的影响可能是不一样的。

全球化和社会文化也是影响生产性服务业集聚的因素。Daniels（1985）认为，在国际化过程中，许多企业往往采取"追随战略"（Follow - the - leader），追随行业领袖企业和目标客户集聚于大城市或大都市中。Keeble 和 Nacham（2002）认为，集聚在国际化大都市的生产性服务业企业能够获取进行国际化经营的额外优势。Stein（2002）认为，社会文化相近的生产性服务业企业倾向于在空间上集聚到一起，社会文化相近带来价值观、信念的共通和相互理解，使这些生产性服务业企业间形成"非交易的相互依赖性"（Nontraded Interdependence），也能促使集聚企业共同获益。Daniels（1985）认为，传统、声誉、威望等因素在生产性服务业空间集聚的过程中仍然起着作用。

此外，生产性服务业的空间集聚会形成集聚等级体系。从全球城市体系来看，越是高等级的城市，其对生产性服务业的集聚水平越高；以及越是高等级的生产性服务业（如金融业和商务服务业），越是高度集聚到高等级的城市（全球城市或世界城市和国际化城市）中，其服务的空间半径也越大，如图5-6所示。

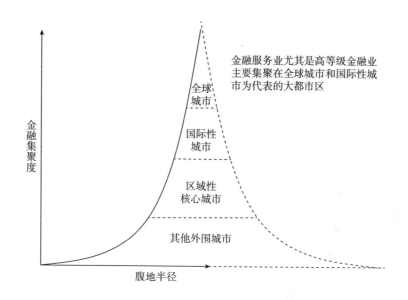

图 5-6　金融业集聚的等级体系与城市体系

资料来源：申玉铭、吴康、任旺兵：《国内外生产性服务业空间集聚的研究进展》，《地理研究》2009年第28卷第6期。

第三节　我国都市圈产业协同发展的时空特征分析

由上述分析可知，都市圈产业协同发展的内在动力主要包括核心城市高新技术制造业与外围城市一般技术制造业之间形成的中间制造产品供给方与需求方联系和核心城市生产性服务业与外围城市制造业之间形成的中间服务产品供给方与需求方联系两个方面。并且，当都市圈发展到高水平阶段的时候，第二种产业联系逐渐成为都市圈产业协同发展的主导动力。鉴于数据的可获取性，本部分通过构建测度模型来测度第二种产业联系的程度，从而分析我国都市圈产业协同发展的水平。

一、测度模型构建

功能互补、分工协作是都市圈的重要特征。当都市圈发展到高水平阶段时，功能互补主要体现在核心城市生产性服务功能与外围城市生产制造功能之间的分工，而这种功能分工催生了都市圈核心城市与外围城市协作发展的需求，从而形成了都市圈产业协同发展的格局。因此，都市圈核心城市与外围城市之间的功能分工程度在一定程度上是可以反映都市圈产业协同发展水平的。

借鉴马燕坤（2017）的思路和方法，构建都市圈城市功能分工强度模型，即用都市圈核心城市生产性服务业从业人数与生产制造业从业人数的比值除以所有外围城市生产性服务业就业人数合计与生产制造业就业人数合计的比值，从而测度都市圈城市功能分工的程度。其具体计算公式为：

$$FD = \frac{\sum_{i=1}^{m} MS_i / M}{\sum_{j=1}^{n}\sum_{i=1}^{m} MS_{ij} / \sum_{j=1}^{n} M_j}, \quad i=1, 2, \cdots, m; j=1, 2, \cdots, n \quad (5-7)$$

其中，FD 表示都市圈城市功能分工强度，MS_i 表示核心城市生产性服务业行业 i 的从业人数；M 表示核心城市生产制造业的从业人数。n 和 m 分别表示都市圈的外围城市个数和生产性服务业的行业数；MS_{ij} 表示外围城市 j 生产性服务业行业 i 的从业人数；M_j 表示外围城市 j 生产制造业的从业人数。FD 的取值越大，即都市圈城市功能分工强度越大，表示都市圈核心城市与外围城市之间的功能分工程度越高，则说明都市圈产业协同发展水平越高。

为了考察都市圈核心城市不同生产性服务功能对外围城市的辐射带动作用，构建分领域的都市圈城市功能分工强度模型，即用都市圈核心城市生产性服务业分行业从业人数与生产制造业从业人数的比值除以都市圈所有外围城市生产性服务业该行业从业人数合计与生产制造业从业人数的比值，来测度分领域的都市圈城市功能分工的程度。其具体计算公式为：

$$FD_i = \frac{MS_i / M}{\sum\limits_{j=1}^{n} MS_{ij} / \sum\limits_{j=1}^{n} M_j}, \quad i = 1, 2, \cdots, m; \ j = 1, 2, \cdots, n \qquad (5-8)$$

其中，FD_i 表示 i 种生产性服务功能的都市圈城市功能分工强度。FD_i 的取值越大，即 i 种生产性服务功能的都市圈城市功能分工强度越大，表示都市圈核心城市在 i 种生产性服务功能上与外围城市之间的功能分工程度越高，说明都市圈 i 种生产性服务功能领域的产业协同发展水平越高。

二、研究对象、数据来源及其说明

考虑研究对象的代表性和计算工作量的大小，研究对象为本书前述界定的我国十二大都市圈，包括上海都市圈、北京都市圈、重庆都市圈、广州都市圈、深圳都市圈、天津都市圈、武汉都市圈、成都都市圈、南京都市圈、郑州都市圈、杭州都市圈和沈阳都市圈，核心城市分别为上海、北京、重庆、广州、深圳、天津、武汉、成都、南京、郑州、杭州和沈阳，如表 5-2 所示。

表 5-2　我国十二大都市圈及其包含的主要城市

序号	都市圈	核心城市	包含的主要城市
1	上海都市圈	上海	上海、苏州、无锡、常州、南通、嘉兴、湖州、宁波、舟山
2	北京都市圈	北京	北京、廊坊、唐山、保定、沧州、张家口、承德
3	重庆都市圈	重庆	重庆、广安、南充、遂宁、资阳
4	广州都市圈	广州	广州、佛山、东莞、肇庆、清远、珠海、中山、江门
5	深圳都市圈	深圳	深圳、东莞、惠州、珠海、中山
6	天津都市圈	天津	天津、廊坊、唐山、沧州、保定、承德
7	武汉都市圈	武汉	武汉、孝感、黄冈、鄂州、黄石、咸宁
8	成都都市圈	成都	成都、德阳、绵阳、资阳、眉山
9	南京都市圈	南京	南京、镇江、扬州、泰州、常州、滁州、马鞍山、芜湖
10	郑州都市圈	郑州	郑州、开封、洛阳、焦作、新乡、许昌
11	杭州都市圈	杭州	杭州、嘉兴、湖州、绍兴
12	沈阳都市圈	沈阳	沈阳、本溪、抚顺、辽阳、鞍山、铁岭、盘锦

根据国家统计局 2015 年统计标准，生产性服务业包括：11-研发设计与其他技术服务，12-货物运输、仓储和邮政快递服务，13-信息服务，14-金融服

务，15 - 节能与环保服务，16 - 生产性租赁服务，17 - 商务服务，18 - 人力资源管理与培训服务，19 - 批发经纪代理服务和20 - 生产性支持服务。考虑到数据的可得性和代表性，与《行业分类国家标准》相结合，本书把生产性服务业界定为交通运输、仓储和邮政业，信息传输、计算机服务和软件业，金融业，租赁和商务服务业，科学研究、技术服务和地质勘查业共5个行业。批发业也属于生产性服务业，但是在可获得的城市行业从业人员统计中，批发业与零售业合并统计为批发和零售业，难以区分，为了消除对测度分析的不确定影响，只能遗憾舍弃。为了消除不确定影响和简化分析，本书界定生产制造业仅包括制造业1个行业，制造业在城市行业从业人员统计中是独立统计的。本部分使用的基础数据全部来自历年《中国城市统计年鉴》，各行业的从业人员都是指城镇单位从业人员。国家统计局于2004年对从业人员的行业划分进行了调整，行业数从原来的15个调整到19个，因此把测度分析的时间跨度确定为2003～2016年。

三、我国十二大都市圈产业协同发展的时空特征

运用公式（5-7）和公式（5-8）分别计算我国十二大都市圈的城市功能分工强度及生产性服务功能分领域的城市功能分工强度，然后分析我国十二大都市圈产业协同发展的时空特征。

1. 我国都市圈产业协同发展水平总体上自东向西递减

位于我国东部地区的都市圈的产业协同发展水平普遍明显高于中西部地区和东北地区。总体上看，我国都市圈的产业协同发展水平呈现出自东向西递减的趋势。2016年，除天津都市圈外，北京都市圈、上海都市圈、广州都市圈、深圳都市圈等位于东部地区的都市圈的城市功能分工强度都在3.50以上，甚至广州都市圈的城市功能分工强度高达9.83，而武汉都市圈、重庆都市圈等位于中西部地区和东北地区的都市圈的城市功能分工强度都在3.00以下，如图5-7所示。在一定程度上可以认为，我国都市圈产业协同发展水平的空间分布与区域经济发展水平的空间格局之间呈正相关关系。

2. 我国南方都市圈的产业协同发展水平总体上高于相应的北方都市圈

推进区域一体化，有利于在都市圈内充分发挥市场配置资源的决定性作用，推动都市圈核心城市与外围城市形成合理的功能分工格局，从而促进都市圈产业协同发展。我国南方地区的区域一体化程度普遍高于北方地区，市场发育水平也普遍高于北方地区，从而我国南方地区的都市圈的产业协同发展水平总体上要比

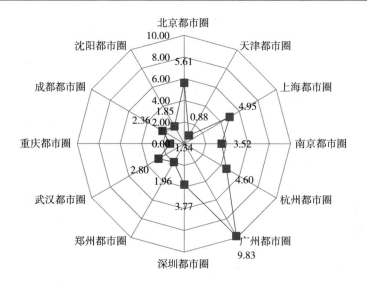

图 5 – 7　2016 年我国十二大都市圈城市功能分工强度

北方地区的都市圈高。如果以南北方为纵轴、东中西为横轴，可以把我国十二大
都市圈划分到不同的象限内，其中，上海都市圈、南京都市圈、杭州都市圈、广
州都市圈和深圳都市圈在（南方，东部沿海）象限内，北京都市圈、天津都市
圈和沈阳都市圈在（北方，东部沿海）象限内，武汉都市圈、重庆都市圈和成
都都市圈在（南方，中西部）象限内，而郑州都市圈则在（北方，中西部）象
限内，如表 5 – 3 所示。2016 年，（南方，东部沿海）象限内都市圈的城市功能
分工强度都高于（北方，东部沿海）象限内除北京都市圈外的其他都市圈；除
重庆都市圈外，（南方，中西部）象限内都市圈的城市功能分工强度都高于（北
方，中西部）象限内的都市圈即郑州都市圈，如图 5 – 7 所示。北京是我国首都，
其生产性服务业是服务于全国的，由此北京都市圈的城市功能分工强度明显较
高。重庆市虽是我国直辖市，但其辖区范围和地域结构相当于一个省，由此重庆
都市圈的城市功能分工强度相对较低。

3. 都市圈产业协同发展的南北分异也许能解释我国南北差距扩大问题

总体上看，都市圈所在区域的经济发展水平越高，市场经济越发达，则都市
圈产业协同发展的水平提升得也越快。区域市场经济发达，则说明区域经济一体
化水平较高，又有利于促进区域产业分工深化，从而促进区域经济快速发展。
2003 年，我国十二大都市圈的城市功能分工强度都分布在 2.00 左右（见图 5 –

8）。但到了 2016 年，我国十二大都市圈的城市功能分工强度除沈阳都市圈外都呈现出不同幅度的提升，且发生了十分显著的空间分异。

表 5-3 我国十二大都市圈按所在地区归为四类

地区	南方	北方
东部沿海	上海都市圈、南京都市圈、杭州都市圈、广州都市圈、深圳都市圈	北京都市圈、天津都市圈、沈阳都市圈
中西部	武汉都市圈、重庆都市圈、成都都市圈	郑州都市圈

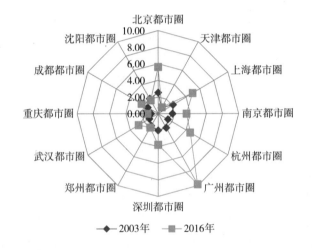

图 5-8 我国十二大都市圈城市功能分工强度变化

从整体来看，尤以我国东南沿海的都市圈提升得较快。2003～2016 年，在南方沿海地区，除深圳都市圈和南京都市圈外，广州都市圈、上海都市圈和杭州都市圈的城市功能分工强度提升幅度都在 1 倍以上，其中位于粤港澳大湾区的广州都市圈提升幅度高达 3.96 倍，南京都市圈也提升了 0.99 倍，而在北方沿海地区，只有北京都市圈的城市功能分工强度提升了 1.22 倍，沈阳都市圈反而发生了轻微的降低；即使在我国中部地区，位于南方的武汉都市圈的城市功能分工强度也比位于北方的郑州都市圈的城市功能分工强度提升得快，其中，武汉都市圈的提升幅度达到 1.22 倍，而郑州都市圈则仅为 0.85 倍。近年来，我国南北方发展差距呈现扩大趋势，并逐渐受到我国学术界的关注和政府部门的高度重视。我们也可以认为，都市圈产业协同发展的南北分异是我国南北发展差距发生明显扩大的重要原因，但深层次原因还是我国市场化改革的南北差距问题。

4. 生产性服务功能分领域来看，都市圈产业协同发展并不都是齐头并进的

根据服务内容的不同，把生产性服务业 5 个行业分别归为 5 种生产性服务，即物流服务、信息服务、金融服务、商务服务和科技服务，其中，交通运输、仓储和邮政业提供物流服务，信息传输、计算机服务和软件业提供信息服务，金融业提供金融服务，租赁和商务服务业提供商务服务，科学研究、技术服务和地质勘查业提供科技服务。考察生产性服务功能分领域的都市圈城市功能分工强度，可以发现我国都市圈产业协同发展并不都是齐头并进的。

上海都市圈产业协同发展由上海五种生产性服务功能对外围城市的辐射带动共同驱动。2016 年，除金融服务外，上海都市圈物流服务、信息服务、商务服务和科技服务四个生产性服务领域的城市功能分工强度都在 5.00 左右，即使金融服务功能领域也达到 3.10（见图 5－9）。2003～2016 年，除物流服务外，上海都市圈其他四个生产性服务功能领域的城市功能分工强度提升幅度都在 1 倍以上，其中，信息服务的提升幅度高达 3.21 倍，物流服务也接近 1 倍。

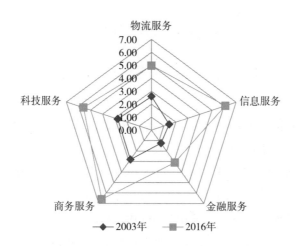

图 5－9 上海都市圈生产性服务功能分领域的城市功能分工强度变化

北京都市圈产业协同发展主要由北京信息服务、商务服务和科技服务三种生产性服务功能对外围城市的辐射带动共同驱动。2016 年，北京都市圈信息服务、商务服务和科技服务三个生产性服务功能领域的城市功能分工强度都在 6.00 以

上，其中，信息服务功能领域和商务服务功能领域都超过了 10.00（见图 5 -
10）。2003～2016 年，北京都市圈信息服务功能领域和金融服务功能领域的城市
功能分工强度提升得最快，提升幅度都是 1.62 倍，而商务服务功能领域则提升
得最慢，几乎可以忽略不计，其中，金融服务功能领域提升得快是因为其 2003
年的城市功能分工强度仅为 0.70，商务服务功能领域提升得慢是因为其 2003 年
的城市功能分工强度就已经高达 10.66。

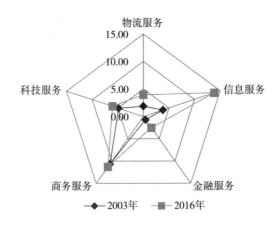

图 5 - 10　北京都市圈生产性服务功能分领域的城市功能分工强度变化

重庆都市圈产业协同发展主要由重庆物流服务和科技服务两种生产性服务功
能对外围城市的辐射带动共同驱动。2016 年，重庆都市圈物流服务和科技服务
两个生产性服务功能领域的城市功能分工强度都达到 2.00 以上（见图 5 - 11）。
2003～2016 年，重庆都市圈物流服务功能领域的城市功能分工强度提升得最快，
提升幅度达到 1.00 倍，但科技服务功能领域反而降低了，其他三个生产性服务
功能领域都有不同幅度的提高。

广州都市圈产业协同发展主要由广州物流服务、信息服务、商务服务和科技
服务四种生产性服务功能对外围城市的辐射带动共同驱动。2016 年，除金融服
务外，广州都市圈物流服务、信息服务、商务服务和科技服务四个生产性服务功
能领域的城市功能分工强度都在 10.00 以上（见图 5 - 12）。2003～2016 年，广
州都市圈五个生产性服务功能领域的城市功能分工强度提升幅度都达到 2.50 倍
以上，其中，信息服务的提升幅度高达 7.56 倍。

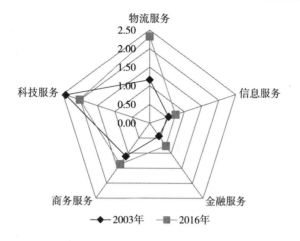

图 5 – 11　重庆都市圈生产性服务功能分领域的城市功能分工强度变化

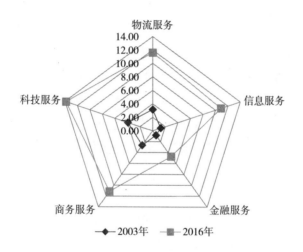

图 5 – 12　广州都市圈生产性服务功能分领域的城市功能分工强度变化

深圳都市圈产业协同发展主要由深圳物流服务、信息服务、商务服务和科技服务四种生产性服务功能对外围城市的辐射带动共同驱动。2016 年，除金融服务外，深圳都市圈物流服务、信息服务、商务服务和科技服务四个生产性服务功能领域的城市功能分工强度都在 4.00 以上（见图 5 – 13）。2003 ~ 2016 年，深圳都市圈信息服务功能领域的城市功能分工强度提升得最快，提升幅度达到 1.56倍，其他生产性服务功能领域的提升服务都没有超过 1.00 倍。

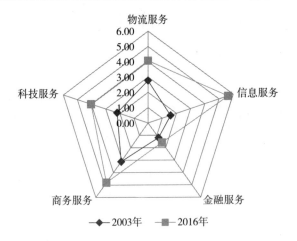

图 5 - 13　深圳都市圈生产性服务功能分领域的城市功能分工强度变化

天津都市圈产业协同发展主要由天津五种生产性服务功能对外围城市的辐射带动共同驱动。2016 年，天津都市圈物流服务、信息服务、金融服务、商务服务和科技服务五个生产性服务功能领域的城市功能分工强度都在 1.00 左右，且仅有商务服务功能领域超过了 1.00（见图 5 - 14）。2003 ~ 2016 年，天津都市圈金融服务功能领域、信息服务功能领域和物流服务功能领域的城市功能分工强度都有所提升，但提升幅度都不大，商务服务功能领域和科技服务功能领域反而明显降低了。

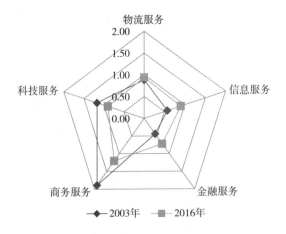

图 5 - 14　天津都市圈生产性服务功能分领域的城市功能分工强度变化

武汉都市圈产业协同发展由武汉五种生产性服务功能对外围城市的辐射带动共同驱动。2016年，除商务服务外，武汉都市圈物流服务、信息服务、金融服务和科技服务四个生产性服务功能领域的城市功能分工强度都在2.00以上，其中，科技服务功能领域高达5.59，即使商务服务功能领域也达到1.78（见图5-15）。2003～2016年，武汉都市圈五个生产性服务功能领域的城市功能分工强度都有所提升，其中，金融服务功能领域、物流服务功能领域和科技服务功能领域的提升幅度都达到1.00倍以上。

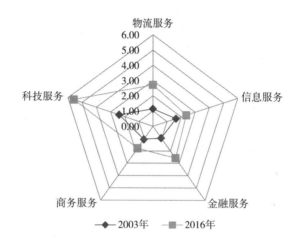

图5-15 武汉都市圈生产性服务功能分领域的城市功能分工强度变化

成都都市圈产业协同发展主要由成都信息服务、物流服务和商务服务三种生产性服务功能对外围城市的辐射带动共同驱动。2016年，除金融服务和科技服务外，成都都市圈信息服务、物流服务和商务服务三个生产性服务功能领域的城市功能分工强度都达到3.50以上，其中，信息服务功能领域高达5.99（见图5-16）。2003～2016年，成都都市圈信息服务功能领域的城市功能分工强度提升得最快，提升幅度达到3.26倍，物流服务功能领域的提升幅度为1.46倍，其他生产性服务功能领域反而都发生了不同幅度的降低。

南京都市圈产业协同发展主要由南京信息服务、科技服务、商务服务和物流服务四种生产性服务功能对外围城市的辐射带动共同驱动。2016年，除金融服务外，南京都市圈信息服务、科技服务、商务服务和物流服务四个生产性服务功能领域的城市功能分工强度都达到3.00以上，其中，信息服务功能领域高达

11.46（见图5-17）。2003~2016年，南京都市圈信息服务功能领域的城市功能分工强度提升得最快，提升幅度高达6.84倍，商务服务功能领域的提升幅度为1.65倍，其他生产性服务功能领域提升幅度都不足1.00倍。

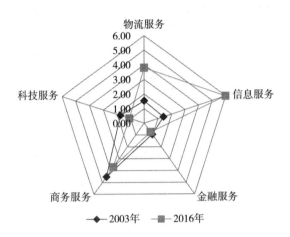

图5-16　成都都市圈生产性服务功能分领域的城市功能分工强度变化

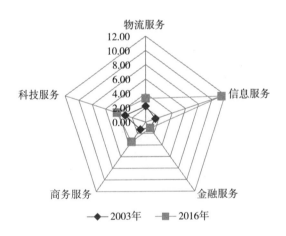

图5-17　南京都市圈生产性服务功能分领域的城市功能分工强度变化

郑州都市圈产业协同发展主要是由郑州信息服务、物流服务和商务服务三种生产性服务功能对外围城市的辐射带动共同驱动。2016年，除金融服务和科技服务外，郑州都市圈信息服务、金融服务和商务服务三个生产性服务功能领域的城市功能分工强度都达到2.00以上（见图5-18）。2003~2016年，郑州都市圈物流服务功能领域、信息服务功能领域、金融服务功能领域和商务服务功能领域的城市功能分工强度都有所提升，但提升幅度都不大，科技服务功能领域反而降低了。

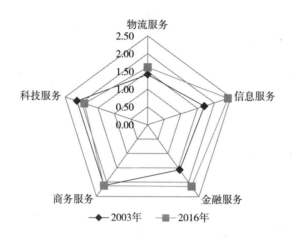

图 5 - 18　郑州都市圈生产性服务功能分领域的城市功能分工强度变化

杭州都市圈产业协同发展主要由杭州信息服务和科技服务两种生产性服务功能对外围城市的辐射带动共同驱动。2016 年，杭州都市圈信息服务和科技服务两个生产性服务功能领域的城市功能分工强度都达到 7.50 以上，其中，信息服务功能领域高达 13.37（见图 5 - 19）。2003～2016 年，杭州都市圈信息服务功能领域的城市功能分工强度提升得最快，提升幅度高达 8.29 倍，其他生产性服务功能领域的提升幅度都在 2.00 倍左右。

沈阳都市圈产业协同发展由沈阳五种生产性服务功能对外围城市的辐射带动共同驱动。2016 年，沈阳都市圈物流服务、信息服务、金融服务、商务服务和科技服务五个生产性服务功能领域的城市功能分工强度都在 2.00 左右（见图 5 - 20）。2003～2016 年，沈阳都市圈仅有信息服务功能领域和金融服务功能领域的城市功能分工强度有所提升，物流服务功能领域、商务服务功能领域和科技服务功能领域反而发生了不同幅度的降低。

总体来看，我国都市圈核心城市信息服务功能对外围城市的辐射带动作用是都市圈产业协同发展最主要的驱动力量。2016 年，除武汉都市圈和重庆都市圈外，上海都市圈、北京都市圈、广州都市圈、深圳都市圈、天津都市圈、成都都

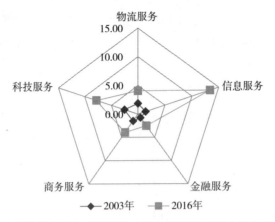

图 5-19　杭州都市圈生产性服务功能分领域的城市功能分工强度变化

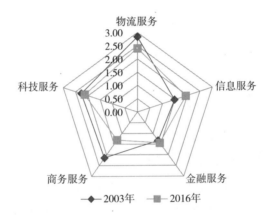

图 5-20　沈阳都市圈生产性服务功能分领域的城市功能分工强度变化

市圈、南京都市圈、郑州都市圈、杭州都市圈和沈阳都市圈 10 个都市圈信息服务功能领域的城市功能分工强度都高于各自生产性服务功能全领域的城市功能分工强度，且相比 2003 年快速提升，尤以粤港澳大湾区和长江三角洲地区最为突出。这与 21 世纪以来我国电子信息产业和大数据产业在北京、上海、南京、杭州、广州、深圳、成都等大都市的快速发展有很大关系。同时，我们也可以看到，我国都市圈核心城市金融服务功能对外围城市的辐射带动作用普遍较弱。2016 年，我国十二大都市圈金融服务功能领域的城市功能分工强度都明显低于各自生产性服务功能全领域的城市功能分工强度。这与我国金融业的市场化发展受到种种行政管制有关。

第四节　我国都市圈产业协同发展的圈层结构分析

都市圈由大都市对周边地区和城市的经济辐射形成，而这种经济辐射遵循距离衰减原则，从而形成大都市辐射带动的紧密层和边缘层，被称为都市圈的圈层结构。都市圈的圈层结构包括核心、紧密圈层和边缘圈层三部分。都市圈的圈层结构决定了都市圈产业协同发展也应该具有圈层结构的空间特征。本部分运用城市流强度模型来测度我国十二大都市圈内各个城市的生产性服务业和制造业的流强度，从而展现我国都市圈产业协同发展的圈层结构空间特征。

一、测度模型构建

城市功能是一个城市中持续不断进行着的包括生产、服务等在内的所有经济活动的总称。根据城市经济活动地域范围的不同，城市功能有内向功能与外向功能之分（姚士谋等，2006）。城市的内向功能是指城市某些经济活动（功能）的地域范围仅限于城市内部，而城市的外向功能则是指城市某些经济活动（功能）的地域范围已经延伸到城市外部，对周边其他地区和城市产生了影响和作用。大都市对周边地区和城市的经济辐射就是大都市的外向功能。

一般来说，一个城市发展得越快，其越早对其他地区和城市产生影响和作用，则该城市越早开始具有外向功能；一个城市发展的水平越高，其对其他地区和城市的影响和作用越强大，则该城市的外向功能越强大，类型也越多样。因此，在都市圈中，核心城市的外向功能应该是最强大的，类型也是最为多样化。

一个具有较强外向功能的城市，必然会与其他地区和城市频繁发生双向或多向的与人类经济活动有关的物质流动现象，主要表现为人员、货物、资金、技术、信息等物质的空间流动，从而形成了城市流。依托于发达的综合性交通运输网络，都市圈中的城市流现象表现得更为突出和频繁。因此，都市圈内所有城市外向功能的大小可以用城市流强度来衡量，城市流强度越大，说明该城市在都市圈中的外向功能越强。某一个城市的流强度计算公式为：

$$F_i = N_i \times E_i, \ i = 1, 2, \cdots, n \tag{5-9}$$

其中，F_i表示城市i的流强度，N_i表示城市i的功能效率，即城市i的外向功能所产生的单位实际影响，E_i表示城市i的外向功能量。n表示城市数量。

城市i的功能效率N_i用劳均地区生产总值来表示，计算公式为：

$$N_i = RDP_i \div L_i, \ i = 1, 2, \cdots, n \tag{5-10}$$

其中，RDP_i表示城市i的地区生产总值，L_i表示城市i的从业人员总数。

城市i是否具有某项外向功能，主要取决于该城市体现这项外向功能的产业部门的区位商。城市i产业部门j的区位商计算公式为：

$$Lq_{ij} = \frac{L_{ij}/L_i}{L_j/L}, \ i = 1, 2, \cdots, n; j = 1, 2, \cdots, m \tag{5-11}$$

其中，L_{ij}表示城市i产业部门j的从业人数，L_j表示所有城市产业部门j的从业人数总和，L表示所有城市所有部门的从业人数总和。m表示产业部门的数量。如果$Lq_{ij} > 1$，表示城市i具有j种外向功能，说明产业部门j是城市i的专业化部门，可以为其他城市提供产品或服务。如果$Lq_{ij} \leqslant 1$，表示城市i不具有j种外向功能，这时定义$E_{ij} = 0$。当城市i具有j种外向功能时，城市i产业部门j的外向功能量E_{ij}为：

$$E_{ij} = L_{ij} - L_i \times \frac{L_j}{L}, \ i = 1, 2, \cdots, n; j = 1, 2, \cdots, m \tag{5-12}$$

则城市i的外向功能总量E_i为：

$$E_i = \sum_{j=1}^{m} E_{ij}, i = 1, 2, \cdots, n; j = 1, 2, \cdots, m \tag{5-13}$$

从而，城市i的流强度计算公式变换为：

$$F_i = (RDP_i \div L_i) \times E_i = RDP_i \times (E_i \div L_i) = RDP_i \times K_i, \ i = 1, 2, \cdots, n$$
$$\tag{5-14}$$

其中，$K_i = E_i \div L_i$，表示城市i的外向功能量占功能总量的比重，反映出城市i功能总量的外向程度。从公式（5-14）可以看出，城市的流强度与经济规模呈正相关关系。

二、研究对象、数据来源及其说明

研究对象仍为我国十二大都市圈，包括上海都市圈、北京都市圈、重庆都市圈、广州都市圈、深圳都市圈、天津都市圈、武汉都市圈、成都都市圈、南京都市圈、郑州都市圈、杭州都市圈和沈阳都市圈，核心城市分别为上海、北京、重庆、广州、深圳、天津、武汉、成都、南京、郑州、杭州和沈阳，如表 5 - 2 所示。

产业部门包括生产性服务业和制造业，其中，生产性服务业的从业人数由交通运输、仓储和邮政业，信息传输、计算机服务和软件业，金融业，租赁和商务服务业，科学研究、技术服务和地质勘查业共 5 个行业的城镇单位从业人数合计得出。本部分使用的基础数据全部来自历年《中国城市统计年鉴》，时间跨度仍然确定为 2003～2016 年。

三、我国十二大都市圈产业协同发展的圈层结构

都市圈内某一个城市的外向功能形成该城市在都市圈内的城市流。在都市圈内，核心城市流主要是指高新技术制造业和生产性服务业为外围城市提供制造业中间投入产品和生产性服务产品所形成的产业流，而外围城市的流主要是指外围城市制造业为各城市的消费者提供制造品所形成的流。并且，随着都市圈发展水平的提高，核心城市生产性服务业为外围城市提供生产性服务产品所形成的产业流在核心城市产业流中的主导作用越来越强大。鉴于数据的可获得性，本部分不考虑高新技术制造业，仅测度都市圈内各城市生产性服务业和制造业的流强度。

21 世纪以来，我国十二大都市圈核心城市对外围城市的经济辐射作用快速增强，尤以东部沿海地区的上海、北京、广州等超大城市为甚。2003 年，除上海外，其他十一个核心城市在各自都市圈中的生产性服务业流强度都在 150 亿元以下，上海也仅为 330.30 亿元（见图 5 - 21）。到 2016 年，上海、北京、广州、深圳等位于东部地区的核心城市在各自都市圈中的生产性服务业流强度都超过了 1000.00 亿元，上海高达 3464.10 亿元，南京接近 1000 亿元。2003～2016 年，除天津外，上海、北京、广州、深圳、南京、武汉、郑州等位于东中部地区的核心城市在各自都市圈的生产性服务业流强度都提高到了原来的 10.00 倍以上，其中，北京和广州分别高达 19.13 倍和 21.49 倍。

在都市圈中，某一个外围城市的制造业流强度值越大，说明该城市接受核心城市的辐射带动作用越大，则该城市最有可能属于该都市圈的紧密圈层，否则，属于都市圈的边缘圈层。此外，在都市圈内，核心城市的辐射越强，即其生产性服务业的流强度越高，外围城市制造业流强度相应也越高。本书设定，对于任意

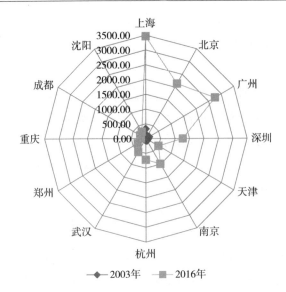

图5-21 我国十二大都市圈核心城市生产性服务业的流强度变化

一个都市圈来说，当核心城市生产性服务业的流强度大于或等于1000亿元时，如果某一个外围城市制造业的流强度大于或等于1000亿元时，则该外围城市属于该都市圈产业协同发展的紧密圈层，否则，属于边缘圈层；当核心城市生产性服务业的流强度大于或等于500亿元且小于1000亿元时，如果某一个外围城市制造业的流强度大于或等于500亿元时，则该外围城市属于该都市圈产业协同发展的紧密圈层，否则，属于边缘圈层；当核心城市生产性服务业的流强度小于500亿元时，如果某一个外围城市制造业的流强度大于或等于100亿元时，则该外围城市属于该都市圈产业协同发展的紧密圈层，否则，属于边缘圈层，如表5-4所示。

表5-4 我国都市圈产业协同发展的紧密圈层设定

核心城市生产性服务业的流强度（亿元）	核心城市	都市圈产业协同发展紧密圈层的制造业流强度（亿元）
$F_s \geqslant 1000$	上海、北京、广州、深圳	$F_m \geqslant 1000$
$500 \leqslant F_s < 1000$	南京、杭州、武汉	$F_m \geqslant 500$
$0 \leqslant F_s < 500$	天津、郑州、沈阳、成都、重庆	$F_m \geqslant 100$

1. 上海都市圈产业协同发展的圈层结构

作为核心城市，上海 2016 年生产性服务业的流强度高达 3464.10 亿元。在上海都市圈的外围城市中，苏州距离上海最近，交通便捷，接受上海的经济辐射最强，其次是无锡、嘉兴、常州等城市。2016 年，苏州在上海都市圈中的制造业流强度高达 4482.45 亿元，无锡为 1342.17 亿元，嘉兴为 623.12 亿元，常州为 421.47 亿元，宁波为 134.46 亿元，其他外围城市在上海都市圈中的制造业流强度都为 0（见图 5-22）。因此，上海都市圈产业协同发展的紧密圈层包括苏州和无锡 2 个城市，嘉兴、常州、南通、湖州、宁波和舟山都属于边缘圈层。上海都市圈产业协同发展的紧密圈层在 2003 年还没有形成，之后，苏州和无锡陆续进入。

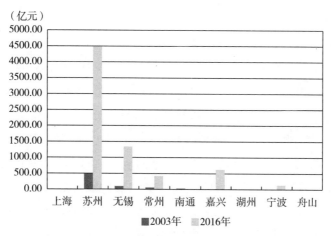

图 5-22　上海都市圈制造业的流强度变化

2. 北京都市圈产业协同发展的圈层结构

作为核心城市，北京 2016 年生产性服务业的流强度高达 2138.44 亿元。在北京都市圈的外围城市中，唐山、廊坊和保定都毗邻北京，交通较为便捷，尤其是唐山与北京在近代以来就存在很密切的经济联系，接受北京的经济辐射最强，其次是廊坊、保定、沧州等城市。2016 年，唐山在北京都市圈中的制造业流强度为 665.39 亿元，廊坊为 471.78 亿元，保定为 279.47 亿元，沧州为 35.72 亿元，承德为 4.54 亿元，张家口在北京都市圈中的制造业流强度为 0（见图 5-23）。因此，北京都市圈产业协同发展尚未形成紧密圈层，外围城市都属于边缘圈层。

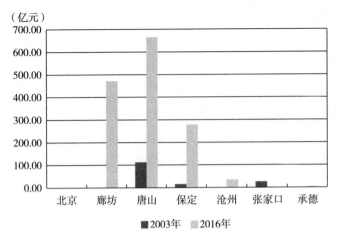

图 5 - 23　北京都市圈制造业的流强度变化

3. 重庆都市圈产业协同发展的圈层结构

作为核心城市，重庆 2016 年生产性服务业的流强度为 165.92 亿元。在重庆都市圈的外围城市中，遂宁距离重庆较近，交通也较为便捷，接受重庆的经济辐射最强，其次是广安、南充、资阳等城市。2016 年，遂宁在重庆都市圈中的制造业流强度为 135.50 亿元，其他外围城市在重庆都市圈中的制造业流强度都为 0（见图 5 - 24）。此外，重庆市其实是一个省的地域结构，其仍具有一定水平的制造业外向功能。因此，重庆都市圈产业协同发展的紧密圈层仅包括遂宁 1 个城市，广安、南充和资阳都属于边缘圈层。重庆都市圈产业协同发展的紧密圈层在2003 年没有突破重庆市行政辖区，之后，遂宁率先进入。

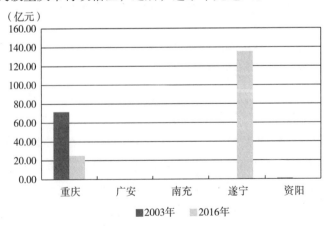

图 5 - 24　重庆都市圈制造业的流强度变化

4. 广州都市圈产业协同发展的圈层结构

作为核心城市，广州 2016 年生产性服务业的流强度高达 2754.04 亿元。在广州都市圈的外围城市中，佛山和东莞距离广州较近，交通也较为便捷，尤其是佛山与广州已经实现一体化发展，接受广州的经济辐射最强，其次是东莞、肇庆、中山等城市，其中东莞接受广州和深圳的"双核辐射"。2016 年，东莞在广州都市圈中的制造业流强度高达 1796.59 亿元，佛山为 1430.44 亿元，中山为555.80 亿元，其他外围城市在广州都市圈中的制造业流强度为 0（见图 5 - 25）。因此，广州都市圈产业协同发展的紧密圈层包括佛山和东莞 2 个城市，肇庆、清远、珠海、中山和江门都属于边缘圈层。广州都市圈产业协同发展的紧密圈层在2003 年还没有形成，之后，佛山和东莞陆续进入。

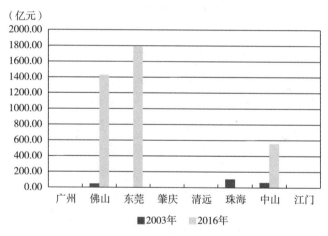

图 5 - 25 广州都市圈制造业的流强度变化

5. 深圳都市圈产业协同发展的圈层结构

作为核心城市，深圳 2016 年生产性服务业的流强度高达 1269.59 亿元。在深圳都市圈的外围城市中，东莞距离深圳最近，交通便捷，接受深圳的经济辐射最强，其次是惠州、中山等城市，其中东莞、惠州和中山接受深圳和广州的"双核辐射"。2016 年，东莞在深圳都市圈中的制造业流强度高达 1233.25 亿元，中山为 291.55 亿元，惠州为 202.54 亿元，珠海在深圳都市圈中的制造业流强度为0（见图 5 - 26）。因此，深圳都市圈产业协同发展的紧密圈层仅包括东莞 1 个城市，惠州、珠海和中山都属于边缘圈层。深圳都市圈产业协同发展的紧密圈层在2003 年还没有形成，之后，东莞率先进入。

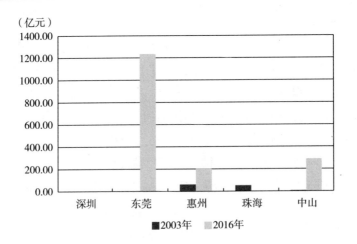

图 5-26 深圳都市圈制造业的流强度变化

6. 天津都市圈产业协同发展的圈层结构

作为核心城市，天津 2016 年生产性服务业的流强度为 498.84 亿元。在天津都市圈的外围城市中，廊坊距离天津最近，交通便捷，接受天津的经济辐射最强，其次是唐山、沧州、保定等城市。2016 年，廊坊在天津都市圈中的制造业流强度为 91.00 亿元，其他外围城市在天津都市圈中的制造业流强度都为 0（见图 5-27）。截至目前，天津对周边城市的经济辐射还比较弱，天津都市圈还没有形成产业协同发展的紧密圈层。2003~2016 年，天津制造业的流强度不降反升，由 221.13 亿元提高到 1159.65 亿元。这说明制造业的空间集聚仍在天津都市圈中占据主导地位。

7. 武汉都市圈产业协同发展的圈层结构

作为核心城市，武汉 2016 年生产性服务业的流强度为 524.17 亿元。在武汉都市圈的外围城市中，孝感距离武汉最近，交通较为便捷，接受武汉的经济辐射较强，其次是黄冈、鄂州、黄石等城市。2016 年，黄冈在武汉都市圈中的制造业流强度为 72.54 亿元，孝感为 68.35 亿元，鄂州为 67.22 亿元，黄石为 60.51 亿元，咸宁在武汉都市圈中的制造业流强度为 0（见图 5-28）。因此，武汉都市圈产业协同发展的紧密圈层尚没有形成。需要指出的是，2003~2016 年，武汉制造业的流强度由 50.71 亿元降低为 0，说明武汉由对制造业的集聚转向扩散。

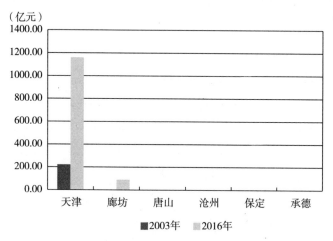

图 5 - 27 天津都市圈制造业的流强度变化

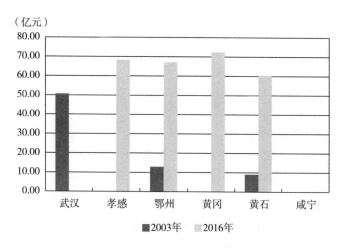

图 5 - 28 武汉都市圈制造业的流强度变化

8. 成都都市圈产业协同发展的圈层结构

作为核心城市，成都 2016 年生产性服务业的流强度为 223.40 亿元。在成都都市圈的外围城市中，德阳距离成都最近，交通较为便捷，接受成都的经济辐射最强，其次是绵阳、眉山等城市。2016 年，德阳在成都都市圈中的制造业流强度为 274.29 亿元，绵阳为 64.91 亿元，眉山为 58.44 亿元，资阳在成都都市圈中的制造业流强度为 0（见图 5 - 29）。因此，成都都市圈产业协同发展的紧密圈层仅包括德阳 1 个城市，绵阳、眉山和资阳属于边缘圈层。成都都市圈产业协同发展的紧密圈层在 2003 年还没有形成，之后，德阳率先进入。

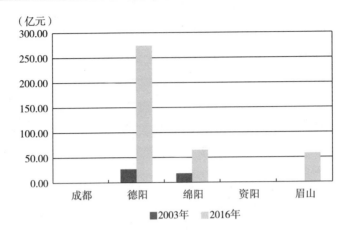

图 5-29　成都都市圈制造业的流强度变化

9. 南京都市圈产业协同发展的圈层结构

作为核心城市，南京 2016 年生产性服务业的流强度达到 988.04 亿元。在南京都市圈的外围城市中，镇江距离南京最近，交通较为便捷，接受南京的经济辐射最强，其次是常州、扬州、马鞍山等城市。2016 年，常州在南京都市圈中的制造业流强度高达 980.59 亿元，镇江为 726.92 亿元，芜湖为 254.38 亿元，其他外围城市在南京都市圈中的制造业流强度都为 0（见图 5-30）。但是，常州的制造业流强度较高主要因为上海强大的辐射带动作用，不宜划入南京都市圈产业协同发展的紧密圈层。因此，南京都市圈产业协同发展的紧密圈层仅包括镇江 1 个城市，扬州、泰州、常州、滁州、马鞍山和芜湖都属于边缘圈层。南京都市圈产业协同发展的紧密圈层在 2003 年没有形成，之后，镇江率先进入。

10. 郑州都市圈产业协同发展的圈层结构

作为核心城市，郑州 2016 年生产性服务业的流强度为 321.40 亿元。在郑州都市圈的外围城市中，许昌和焦作与郑州的交通较为便捷，接受郑州的经济辐射较强，其次是开封、洛阳等城市。2016 年，许昌在郑州都市圈中的制造业流强度为 277.81 亿元，焦作为 208.30 亿元，开封为 13.04 亿元，其他外围城市在郑州都市圈中的制造业流强度都为 0（见图 5-31）。因此，郑州都市圈产业协同发展的紧密圈层包括许昌和焦作 2 个城市，开封、洛阳和新乡都属于边缘圈层。郑州都市圈产业协同发展的紧密圈层在 2003 年还没有形成，之后，许昌和焦作陆续进入。

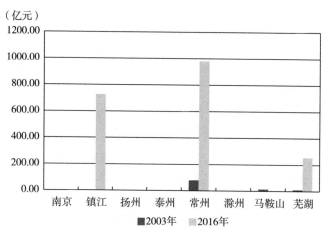

图 5-30　南京都市圈制造业的流强度变化

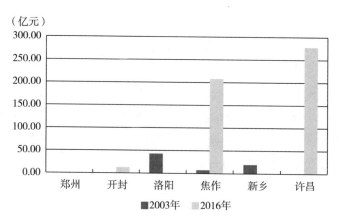

图 5-31　郑州都市圈制造业的流强度变化

11. 杭州都市圈产业协同发展的圈层结构

作为核心城市，杭州 2016 年生产性服务业的流强度为 716.89 亿元。在杭州都市圈的外围城市中，嘉兴距离杭州最近，交通最为便捷，接受杭州的经济辐射最强，其次是湖州、绍兴等城市。2016 年，嘉兴在杭州都市圈中的制造业流强度高达 1062.49 亿元，湖州为 203.11 亿元，绍兴在杭州都市圈中的制造业流强度为 0（见图 5-32）。因此，杭州都市圈产业协同发展的紧密圈层仅包括嘉兴 1 个城市，湖州和绍兴都属于边缘圈层。杭州都市圈产业协同发展的紧密圈层在 2003 年尚没有形成，之后，嘉兴率先进入。

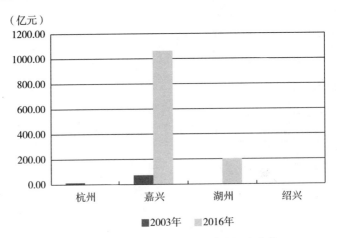

图 5 - 32　杭州都市圈制造业的流强度变化

12. 沈阳都市圈产业协同发展的圈层结构

作为核心城市，沈阳 2016 年生产性服务业的流强度为 273. 43 亿元。在沈阳都市圈的外围城市中，抚顺距离沈阳最近，本溪、辽阳和鞍山与沈阳的交通较为便捷，接受沈阳的经济辐射较强。2016 年，鞍山在沈阳都市圈中的制造业流强度为 163. 83 亿元，本溪为 73. 24 亿元，辽阳为 69. 38 亿元，抚顺为 25. 48 亿元，其他外围城市在沈阳都市圈中的制造业流强度都为 0（见图 5 - 33）。尽管鞍山制造业的流强度超过 100 亿元，但考虑到都市圈产业协同发展的圈层在地域上的连

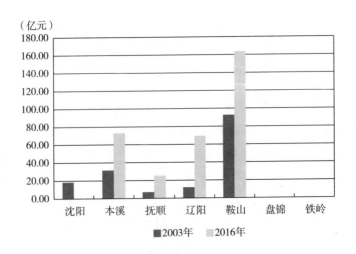

图 5 - 33　沈阳都市圈制造业的流强度变化

续性，鞍山不宜划入沈阳都市圈产业协同发展的紧密圈层。因此，沈阳都市圈产业协同发展尚未形成紧密圈层，本溪、抚顺、辽阳、鞍山、盘锦和铁岭都属于边缘圈层。需要指出的是，2003～2016 年，沈阳制造业的流强度由 18.45 亿元降低为 0，说明沈阳由对制造业的集聚转向扩散。

第五节　本章结论

随着都市圈的不断发展，核心城市的制造业逐步向外围城市转移，产业分工也逐步深化，逐渐形成了城市功能分工格局，即核心城市专业化于生产性服务业，主要发挥生产性服务功能，而外围城市专业化于生产制造业，主要发挥生产制造功能。在都市圈内，核心城市不仅为外围城市的制造业企业提供作为中间投入品的生产性服务，而且为外围城市的制造业企业提供巨大而又旺盛的消费品市场，从而促进都市圈产业协同发展，并呈现出明显的圈层结构。都市圈产业协同发展的圈层结构产生于作为核心城市的大都市对外围城市遵循距离衰减原则的辐射带动作用，从而形成了都市圈的圈层结构。本章首先通过文献综述的形式分析了生产性服务业的概念和作用及在都市圈内的空间集聚，并运用新兴古典经济学理论演绎了生产性服务业衍生于生产制造业的诱因和过程；其次构建都市圈城市功能分工强度模型，测度分析了我国十二大都市圈的城市功能分工强度的时空变化，用来反映我国都市圈产业协同发展的时空特征；最后构建都市圈城市流强度模型，分别测算了我国十二大都市圈各城市生产性服务业和制造业的流强度，不但发现生产性服务业普遍高度集聚于各个都市圈的核心城市，也发现制造业在各个都市圈外围城市的集聚普遍呈现出明显的圈层结构，说明都市圈产业协同发展确实存在圈层结构。通过时序比较发现，随着作为核心城市的大都市的辐射力不断增强，其都市圈的紧密层和边缘层会逐步向外扩展。

第六章　研究结论与对策建议

第一节　本书主要结论

本书首先通过文献综述的形式科学合理地界定了都市圈及相关概念，并分析了它们之间的联系和区别；其次，运用新兴古典经济学和新经济地理学的经典理论分别演绎了城市和企业的产生、都市圈的形成和都市圈的产业分工深化；再次，利用科学的方法，界定并分析了我国都市圈发展的空间态势；最后，在分析生产性服务业与制造业协同发展关系的基础上，分析了我国都市圈产业协同发展的时空特征和圈层结构。通过对我国都市圈的理论机理、空间态势和产业协同发展进行了深入而又细致的研究，得出了以下四点主要结论：

第一，都市圈与都市区、城市群是三个既有联系又有区别的概念，分别有各自的概念界定及其内涵。都市圈是指以超大城市、特大城市或辐射带动功能强的大城市为核心，称他们为大都市，以大都市的辐射距离为半径，所形成的功能互补、分工合作、经济联系比较紧密的区域。都市圈是大都市通过扩散辐射效应与周边地区发生相互作用的产物，都市圈的范围是大都市与周边城市相互联系和合作的区域，大都市与周边城市的关系是产业协作和功能分工的关系，形成分工协作圈。其主要包含四个方面的基本内涵：一是都市圈的核心城市是由超大城市、特大城市或辐射带动功能强的大城市形成的大都市，大都市是都市圈形成的前提条件；二是都市圈的辐射核即核心城市在多数情况下只有一个，在极少数情况下出现两个实力相当的大都市共同辐射一个区域，谓之"双核"都市圈，也有一

· 156 ·

主一次两个辐射核形成的都市圈，都是都市圈的特殊情况；三是都市圈内的经济社会联系主要是产业链上下游联系和市场联系；四是都市圈的大小取决于大都市辐射半径的大小，大都市规模越大，交通联系越便利，区域一体化水平越高，大都市的辐射半径就越大。而都市区是指以超大城市、特大城市或辐射带动功能强的大城市为核心，以及与这些大都市存在广泛上下班通勤的邻接空间单元组合成的区域。都市区描述的是一个拥有特定人口规模的中心城市及与其有着紧密经济社会联系的周边邻接地域组合成的区域或地理现象。这种经济社会联系主要指通勤联系。其主要包含四个方面的基本内涵：一是都市区的核心城市是由超大城市、特大城市或辐射带动功能强的大城市；二是都市区的核心城市即大都市有且只有一个，大都市是都市区形成的前提条件；三是都市区内的经济社会联系主要是指上下班通勤；四是都市区的大小取决于大都市的规模大小。城市群指的是在特定的区域范围内密集分布着数量可观的性质、类型和规模各异的城市，城市规模等级体系完善，以超大城市、特大城市或两个及以上辐射带动功能强的大城市甚至是作为核心，依托发达的交通、通信等多种现代化基础设施网络，城市间功能互补、分工协作，发生和发展着广泛而又密切的经济联系，从而形成的一体化水平较高的城市集群区域。城市群是一个经济社会发展水平较高的区域，经济和交通、通信等基础设施发达，城市发育水平高、分布密集、联系紧密。其主要包括以下四个方面的基本内涵：一是城市群的核心城市是超大城市、特大城市或辐射带动功能强的大城市，即存在至少 1 个大都市作为城市群的核心城市；二是城市群的辐射核一般情况下有两个，甚至三个及以上，有可能是两个辐射核实力相当，也有可能是一主一次、一主两次或一主多次，在少数情况下以 1 个特大城市或超大城市作为辐射核；三是城市群内的经济社会联系也主要是产业链上下游联系和市场联系；四是城市群包含至少 1 个都市圈和许多大中小城市和小城镇，其空间范围要比都市圈和都市区大得多。都市圈与都市区、城市群都是以大都市为核心的，都是一个国家或地区经济社会较为发达的区域，都市区是都市圈的核心区域，都市圈是城市群形成的前提条件，城市群由都市圈及周边的都市圈或城市圈实现空间耦合而形成。都市圈与都市区、城市群在空间范围、人口规模、空间结构特征、经济社会特征等方面都存在差异。

第二，都市圈形成和产业分工深化是在运输成本和通信成本不断降低的情况下大都市产业尤其是制造业向周边地区和城市逐步转移的结果。根据新兴古典经济学理论，随着交易成本不断降低，城市和企业都会从劳动分工中自发产生。根据新经济地理学理论，随着运输成本降低到一定程度，区域中的制造业企业会向市场潜力最大的区位集聚，从而形成"中心—外围"空间结构；随着区域人口增加，外围地区某一个或多个区位上的市场潜力会达到"有利可图"的水平，这时中心城市的企业会向外围地区迁移和集聚，从而在外围地区形成新的城市，都市圈就开始形成了。在都市圈形成的过程中，中心城市形成都市圈的核心城市，外围地区新的城市形成都市圈的外围城市。随着核心城市制造业不断向外围城市转移，核心城市与外围城市逐渐形成制造业内部的水平分工。新经济地理学理论认为，随着运输成本进一步降低，都市圈核心城市中那些需要中间制造品投入的制造业企业也开始向外围城市转移，核心城市与外围城市之间的制造产业链上下游垂直分工开始形成，都市圈产业分工开始深化。随着通信技术进步及应用，都市圈内的通信成本也开始降低。根据新经济地理学理论，当通信成本降低到一定程度的时候，都市圈核心城市那些需要中间服务品投入的制造业企业也开始向外围城市转移，核心城市与外围城市之间的全产业链上下游垂直分工开始形成，都市圈产业分工进一步深化。我们把都市圈核心城市与外围城市之间的制造产业链上下游垂直分工和全产业链上下游垂直分工统称为都市圈城市功能分工。随着都市圈发展成熟，都市圈城市功能分工主要表现为核心城市与外围城市之间的全产业链上下游垂直分工形式。

第三，都市圈在我国经济社会发展中扮演着举足轻重的角色。改革开放以来，我国经济社会快速发展，工业化和城镇化进程快速推进，城市规模快速扩大。2016年，我国共形成了27个人口规模在300万人以上的大都市，包括超大城市5个、特大城市8个和I型大城市14个。随着区域经济的社会发展，以大都市为核心的都市圈在我国较发达地区涌现。都市圈空间范围的大小受到作为核心城市的大都市规模、与大都市的地理距离远近、自然地理条件、交通基础设施、通信技术进步及应用、历史文化、行政体制等因素的综合影响。借鉴并改进高汝熹和罗明义（1998）测算城市间经济距离的科学方法，构建大都市对周边城市的引力模型，以地级市为基本单元、空间范围的有限性、地理上保持连续性等为界定原则，并设定统一的引力强度和场强标准，界定出了我国20个都市圈的空间范围。根据核心城市的人口规模，可以把我国20个都市圈划分为三个等级：第一等级包括上海都市圈、北京都市圈、重庆都市圈、广州都市圈和深圳都市圈共5个都市圈，它们的核心城市上海、北京、重庆、广州和深圳都是人口规模超千万的超大城市；第二等级包括天津都市圈、武汉都市圈、成都都市圈、南京都市圈、郑州都市圈、杭州都市圈和沈阳都市圈共 7 个都市圈，它们的核心城市天津、武汉、成都、南京、郑州、杭州和沈阳都是人口规模介于 500 万～1000 万人的特大城市；第三等级包括西安都市圈、合肥都市圈、昆明都市圈、太原都市圈、长春都市圈、长沙都市圈、济南都市圈和厦门都市圈共 8 个都市圈，它们的核心城市西安、合肥、昆明、太原、长春、长沙、济南和厦门都是人口规模介于 300 万～500 万人的 I 型大城市。第一、第二等级都市圈共同组成我国十二大都市圈。经测算，我国十二大都市圈利用不到全国 1/10 的土地，承载了全国近 1/3 的人口，创造了全国近 1/2 的经济产出。

第四，我国都市圈产业协同发展水平总体上自东向西递减，且普遍呈现出动态扩展的圈层结构。根据新兴古典经济学理论，生产性服务业衍生于生产制造业。生产性服务业的发展依赖于生产制造业发展对生产性服务的需求，反过来，生产性服务投入使生产制造业的劳动生产率大大提高。因此，生产性服务业与生产制造业之间存在共生协同发展的关联关系。随着都市圈的不断发展，核心城市的制造业逐步向外围城市转移，产业分工也随之深化，城市功能分工逐渐形成，主要表现为核心城市专业化于生产性服务业，主要发挥生产性服务功能，而外围城市专业化于生产制造业，主要发挥生产制造功能。在都市圈内，核心城市不仅为外围城市的制造业企业提供作为中间投入品的生产性服务，而且为外围城市的制造业企业提供巨大而又旺盛的消费品市场，从而促进都市圈产业协同发展，并呈现出明显的圈层结构。都市圈产业协同发展的圈层结构产生于作为核心城市的大都市对外围城市遵循距离衰减原则的辐射带动作用，从而形成了都市圈的圈层结构。构建都市圈城市功能分工强度模型，对我国十二大都市圈的城市功能分工强度进行了测度分析，发现我国都市圈产业协同发展水平总体上呈现自东向西递减的态势。构建都市圈城市流强度模型，分别测算了我国十二大都市圈各城市生产性服务业和制造业的流强度，不但发现生产性服务业普遍高度集聚于各个都市圈的核心城市，也发现制造业在各个都市圈外围城市的集聚普遍呈现出明显的圈层结构，说明都市圈产业协同发展确实存在圈层结构。通过时序比较发现，随着作为核心城市的大都市辐射力不断增强，都市圈的紧密层和边缘层会逐步向外扩展。

第二节　建设现代化都市圈的战略意义

《关于培育发展现代化都市圈的指导意见》指出，作为推进新型城镇化的重要手段，规划建设现代化都市圈一方面有助于对我国人口和经济的空间分布进行优化；另一方面有助于释放和挖掘潜在的消费需求，也有助于激发和增加有效投资，从而增强我国经济社会发展的内生动力。在新的历史阶段，我国的社会主要矛盾已经发生了根本性的转变，人民日益增长的美好生活需要与不平衡不充分的发展之间的矛盾成为我国社会当前及今后相当长一段时间内的主要矛盾，新时代呼唤通过高质量发展来缓解和解决我国社会新的主要矛盾。解决我国社会新的主要矛盾要求城镇化进程从高速度阶段向高质量阶段转变，即要求推进城镇化要强调高质量和推进高质量的城镇化。规划建设现代化都市圈有助于我国推进高质量的城镇化，在实现经济高质量发展、促进区域协调发展、推进乡村振兴、形成布局合理的城市群等方面具有重要的战略意义。

一、规划建设现代化都市圈有利于实现经济高质量发展

我国经济已经进入新常态，过去那种依靠高投入、高排放、高污染、低效率、忽视社会效益的经济增长方式难以为继。党的十九大报告指出，我国经济已由高速度增长阶段转向高质量发展阶段，要求未来的经济发展更多地依靠科技创新，提高资源要素的利用效率，减少排放，降低污染，保护环境。

建设现代化都市圈，促进资源要素在都市圈范围内自由流动，让市场决定要素配置，不仅有利于提高资源要素的利用效率，而且有利于人才交流、促进科技创新。都市圈以大都市为核心，而大都市是高素质人才的集聚地和科技创新的发源地。在都市圈内，大都市与周边城市之间本来就是产业协作关系，也很可能形成区域科技创新系统及其正反馈机制，即大都市承担科技创新的功能，周边城市承担新技术中试和产业化及反馈的功能，从而加快科技创新的步伐和产生新技术、新应用的频度，提高资源要素利用效率，减少排放和污染，治理大气、土壤和水等污染。

二、规划建设现代化都市圈有利于促进区域协调发展

改革开放以来，我国东部地区尤其是东南沿海地区经济快速发展，而中西部和东北地区则经济发展缓慢，东西发展差距问题凸显。进入21世纪以来，我国相继实施西部大开发、东北等老工业基地振兴、中部崛起等区域发展战略，区域发展不协调问题得到一定程度的缓解。但近年来，受到国际国内经济不景气的影响，区域发展不协调问题再一次凸显。党的十九大报告把区域协调发展上升为新时代7个国家重大战略之一，提出建立现代化区域城乡发展体系。

我国地域广袤，自然环境千差万别，受到目前的行政管理体制和财税体制的制约，实现区域协调发展无疑困难重重。即使在东部地区内部，区域内城市间的协调发展问题也没有解决，甚至还很突出。因此，把区域协调发展战略落实到更小空间尺度内，有助于促进区域协调发展的政策和机制更快更好地实施和"立竿见影"，也有助于为更大空间尺度的区域协调发展起到示范作用和提供经验借鉴。由此看来，都市圈是一个能够快速推进区域协调发展的空间尺度。培育发展现代化都市圈，促进区域协调发展的政策和机制在都市圈内率先落地，推动大都市与周边城市之间形成紧密的产业协作关系，增强大都市对周边地区的辐射带动功能，加快大都市周边中小城市的发展，"填平"大都市与周边城市规模之间悬殊的"悬崖"，形成大中小城市和小城镇协调发展的城镇格局。

三、规划建设现代化都市圈有利于促进乡村振兴

乡村振兴战略也是党的十九大报告提出的新时代7个国家重大战略之一。改革开放尤其是进入21世纪以来，随着我国城市经济的发展，大量的农业富余劳动力进入城市工作和生活，提高了他们的收入，改善了他们的生活，更降低了农村地区的就业压力。2017年，我国农业转移人口2.44亿。虽然他们实现了就业类型的转变和生活地点的转移，但是没有实现社会身份的转型。长期以来，农业、农村和农民的发展长期受到忽视，缺乏资金投入和社会关注，农业现代化进展缓慢、农民收入低、多数农村"脏乱差"等"三农"问题异常严重。

都市圈是一个区域，不仅包括城市和城镇，而且包括大面积的农村地区。在都市圈内，城市和城镇为农民提供工业品和各种服务，农村地区则为城市和城镇的居民提供粮食、蔬菜和水果，以及旅游、休闲、度假、体验等活动的去处。培育发展现代化都市圈，可以有效实现城乡融合发展。都市圈的发展水平越高，人

口规模越大，收入越高，对农产品的需求就越多，对农产品质量的要求就越高，到乡村地区旅游、休闲、度假、体验等活动的需求就越旺盛。农村地区通过发展观光农业、特色农业、绿色农业就能提高收入。培育发展现代化都市圈，依托大都市强大的经济和产业，促进周边城市和城镇快速发展壮大，就能创造更多的就业岗位，吸纳更多的农业富余劳动力，不仅实现就业类型的转变，而且实现他们社会身份的转变，赋予他们真正的市民身份，享受与原城镇居民同等的不受歧视的公共服务和社会福利，从而缩小城乡发展差距。因此，都市圈发展越成熟，城镇化水平就越高，现代化水平也越高。未来，在都市圈内，无论是城镇居民，还是农村居民，收入差距将快速缩小，农村与城市、城镇互动互促，共同繁荣发展。

四、规划建设现代化都市圈有利于形成范围更大的城市群

《国家新型城镇化规划（2014－2020）》指出，城市群是我国未来城镇空间格局的主体形态，并提出在全国范围内规划建设 19 个城市群。目前，长江中游城市群、哈长城市群、成渝城市群、长江三角洲城市群等跨省级行政区的城市群发展规划先后获得国务院批复并颁布实施，其余省域范围内的城市群发展规划编制工作也基本完成。就国务院批复的城市群发展规划来说，规划范围普遍过大，导致实施政策的空间尺度太大，严重制约了支持城市群发展的政策和措施的落实和成效。党的十九大报告也明确提出，要以城市群作为我国人口和经济的主要载体和未来城镇空间分布的主体形态，构建和形成大中小城市和小城镇协调发展的城镇空间分布格局，并加快推进农业转移人口市民化的进程。

都市圈是城市群形成的前提和核心。没有都市圈，就难以形成城市群。正是因为都市圈的出现，才使城市之间产生并不断加强了经济联系，在竞争过程中实现功能分工、优势互补。一般来说，在我国省区范围内，省会城市或自治区首府都是本省区内经济体量和人口规模最大的城市，随着城市规模的扩大，都市圈的范围越大，与周边城市发生竞争和合作，经济联系越来越密切。在城市群形成的过程中，首先以省会城市、首府城市或副省级及直辖市为核心，推进交通、通信等基础设施网络建设，强化与周边城市的经济联系和功能分工，培育发展现代化都市圈；其次，在都市圈外培育发展区域性中心城市，加强产业集聚和人口集中，进一步发展成为大都市，进而以该大都市为核心培育发展现代化都市圈；最后，都市圈间实现空间耦合甚至功能耦合发展，从而形成城市群。

第三节 都市圈规划的目的和主要内容

《关于培育发展现代化都市圈的指导意见》明确提出，要探索编制都市圈规划并强调，都市圈规划要加强与城市群规划、城市规划等规划之间的有机衔接，都市圈规划与其他相关规划之间要相互配合协调，形成同向发力、互促互进的态势。编制都市圈规划，目的在于引导都市圈高质量发展，要重点突出、可操作性强。

一、都市圈规划的目的

都市圈规划属于区域规划。区域规划是国家经济建设在空间上的战略部署，对国家经济社会发展具有战略性导向作用。党的十九大报告明确指出，"发挥国家发展规划的战略导向作用"。在国外，通过区域规划来引导和促进区域协调发展已成为国家宏观调控的主要手段（张丽君等，2011）。在我国现有的行政管理体制、财税管理体制和政绩考核制度的大背景下，地方政府囿于自己的"一亩三分地"，各自为政，恶性竞争等现象仍然存在，行政分割对大都市的对外辐射造成极大的制约。因此，编制都市圈规划对于促进区域高质量发展尤为必要。

都市圈发展涉及多个城市以及多个行政级别相当的地方政府。行政级别较高或财力较为雄厚的地方政府，随着城市规模的壮大，通过各种政策和手段阻碍资源要素流出和吸引更多的资源要素流入和企业迁入，即使是行政级别较低或财力较弱的地方政府，也会想出各种办法阻碍要素自由流动和企业自由迁移，削弱了区域的整体竞争力。都市圈规划是引领都市圈经济社会发展的战略性、纲领性、综合性规划，其作用主要表现在两个方面：一是强有力的约束作用，即约束地方政府的行为，避免恶性竞争现象的发生，消除阻碍资源要素自由流动的行政壁垒，让市场在资源配置中起决定性作用，避免对生态环境造成破坏性影响；二是对经济社会发展的战略引导作用，即引导城市间加强合作，并指明都市圈的发展方向。都市圈规划的最终目的在于促进都市圈高质量发展，实现都市圈的一体化并进而实现同城化，实现区域协调发展和城乡融合发展，不断提升都市圈整体竞争力，进而提升整个国家的竞争力。

二、都市圈规划的主要内容

都市圈规划是描绘都市圈发展的远景蓝图，是经济建设的总体部署，涉及面广，但规划内容不可能包罗万象。归纳起来，都市圈规划应包含以下主要内容：

一是基础条件。编制都市圈规划必须明确规划的范围。规划范围大小由核心城市的辐射带动功能强弱来确定，辐射带动功能较强则较大，否则较小。因城市辐射半径在现实中很难有明确的界限，按照通勤的数量和比重在中国不具有现实性。一般按照核心城市的辐射力、一小时或两小时交通圈和人流物流密度来确定圈域范围。因为规划的是未来的都市圈，所以规划范围可以适度扩大。然后分析都市圈发展的经济基础、产业结构、城市发育、开发程度及潜力等，对都市圈发展基础和所处环境形成基本认识。

二是总体要求。包括指导思想、基本原则、发展思路和发展目标等内容。指导思想要贯彻习近平新时代中国特色社会主义思想以及党和国家的方针政策，坚持创新、协调、绿色、开放、共享的发展理念，以深化区域合作为主题，推动统一市场建设；以创新体制机制为动力，促进都市圈高质量发展，形成区域竞争新优势。基于都市圈的基础条件以及国家赋予的重大机遇，放眼全国乃至全世界，提出都市圈建设和发展的战略思路。发展目标的确定要科学合理，提出城市发展、产业集聚、人口分布、经济发展、科技教育等方面的中长期目标。

三是空间布局。根据开发程度及开发潜力，首先，确定核心城市及周边城市的建设边界，建设边界也叫城市发展红线。红线并不意味着一味控制城市的规模，要根据发展趋势和发展潜力，保持一定的弹性。其次，基于地理特点确定都市圈的发展模式，如点—轴开发、梯度开发、圈层开发等。最后，明确都市圈的城镇体系，也就是大中小城市的分布和小城镇的数量。值得注意的是，都市圈规划是在现有发展基础上的规划，是对现有状况的改善和分布格局的优化，不是无中生有，不能推倒重来。

四是基础设施互联互通。构建现代化的综合交通运输体系，推进城市间基础设施互联互通。这些基础设施包括高速公路、城际铁路、普通公路、机场、港口、通信、能源、水利等。基础设施建设要具有合理性、经济性和一定的超前性，互联互通要服务于城市建设和产业发展，有利于人员交流、要素流动。应以打通"断头路"和"瓶颈路"为重点，合作共建物流枢纽，共同打造"轨道上"的都市圈。

五是产业协同发展。都市圈要构建具有国际竞争力的现代化产业体系。都市圈的产业发展要强调空间集聚，工业要进园区，大都市的产业链条要向周边城市延伸。每一个城市都要确定功能定位，强调城市间的分工合作。推动核心城市产业高端化发展，夯实中小城市制造业基础，促进城市功能互补，如核心城市重点发展现代服务、高科技、文化会展等产业，周边城市发展制造、物流等产业，小城镇发展零部件、旅游康养、农产品加工等产业。每个城市的产业发展要符合本城市的功能定位和发展条件，不可盲目强调先进性、高技术性和高服务业比重。探索建立产业转移的利益共享机制和建设用地指标的跨行政区交易机制。

六是公共服务均等化。都市圈要率先推进公共服务均等化。推进市政交通和旅游同城化，实现都市圈一卡通服务。探索都市圈内医疗、保险、公积金、社会保障等公共服务和政策互通互认对接共享的路径。探索联合办学、教师互助、学生联培等形式，推进大都市优质教育资源向周边城市延伸。利用现代信息技术手段，共建共享公共服务平台，推进都市圈政务服务、行政执法和社会治理联通联动。

七是生态环境保护。生态环境保护是都市圈发展规划必不可少的内容，强化生态网络共建和环境联防联治。核心城市要与其他城市加强生态环境保护方面的合作，联防联治大气污染和流域污染，倡导和推广生产、生活、出行等方面的绿色方式，建立生态、流域等方面的横向补偿机制。

八是体制机制创新。都市圈规划的范围一般跨越了现有行政区，突破了现有的行政体制和利益机制。未对体制机制进行创新，是很多区域合作和规划流于形式的重要原因。因此，应加快构建都市圈协商合作、规划协调、政策协同、社会参与等方面的新机制。在规划中，要明确都市圈的合作体制与机制。通行的做法首先是建立都市圈的领导小组，由各市主要领导参加，核心城市的主要领导任领导小组组长，主要领导变更，组长也随之变更。其次是建立市长联席会议制度，每年要召开一次会议，议定实施的项目和有关事项。再次建立领导小组办公室，作为常设机构，负责落实领导小组决定的事项。最后建立都市圈合作基金，也就是开展业务和项目建设需要的资金，一般按财政预算的一定比例缴纳。这是都市圈管理机构持续运行的保障，通过建立合作基金，成员间就建立了权利义务关系。

九是保障措施。规划应明确都市圈范围内各行政主体应履行规划赋予的义务，建立相应的机构或明确责任机构和责任人。要强调社会参与，加强公众监督和意见反馈。都市圈规划实质上是区域合作规划，本身的约束力就不强，如果没有强有力的保障措施，很容易束之高阁，形同虚设，上级政府的支持与监督就变得非常重要。政策支持和资金保障成为都市圈规划顺利实施并取得成效的关键。

第四节　促进我国都市圈高质量发展的政策建议

建设现代化都市圈，不仅需要加强都市圈概念规范和国际经验的研究工作，而且要通过立法来确保规划有效实施。此外，要利用大数据技术和第三方评估来支撑都市圈高质量发展。

一、研究制定符合我国基本国情的都市圈概念规范

目前，我国学术界对都市圈发展并没有形成一致的认识和概念界定。有的学者把都市圈等同于都市区，有些学者把都市圈等同于城市群。都市区是美国最早提出的概念，用来描述以中心城市为核心形成通勤联系的区域，而都市圈是日本最早提出的概念，最初定义的都市圈类似于美国的都市区，但后来又提出了大都市圈的概念，已经不能用通勤联系来形容。其他发达国家也借鉴美国的经验，提出了符合本国国情的类似都市区的概念。各国有各国的国情，尤其是像我国这样幅员辽阔、人口众多、城市规模较大的国家来说，更应该提出符合我国基本国情的都市圈概念。无论是学术界，还是官方机构抑或是社会组织，都应该为研究制定符合我国基本国情的都市圈规范出谋划策。笔者认为，我国的都市圈概念应该类似于日本的大都市圈，是由大都市向外辐射带动的产业协作圈，而不是上下班的通勤圈。此外，我国城市化进程已经进入都市化阶段，大都市、都市区、都市圈、城市群等都是与都市化相关的概念，有必要厘清它们之间的关系。这些都市化相关概念之间的关系应该是，大都市由超大城市、特大城市和辐射带动功能强的大城市组成，大都市是都市区的核心城市，都市区是都市圈的核心区域，而都市圈又是城市群的核心区域。

二、加强对国外都市圈发展和规划的研究

无论是都市圈形成和发展，还是对都市圈发展的研究和规划，西方发达国家

尤其是美日要比我国早得多，积累了宝贵的经验和教训。"他山之石，可以攻玉"，我国学术界要加强对国外都市圈发展和规划的研究工作。一是加强对国外都市圈发展的研究工作。重点研究国外都市圈的发展历程和演化态势，找出一般规律，用以指导我国的都市圈发展及其规划制定。二是加强对国外都市圈规划的研究工作。重点研究清楚国外都市圈规划主要关注哪些方面的内容，制定了哪些有效的政策和措施来指导都市圈发展的，又有哪些教训，为我国编制都市圈规划提供启示和经验借鉴。

三、尽快确立都市圈规划的法律地位

区域规划对区域发展起着约束性和战略性指导作用。然而，长期以来，我国的各种发展规划并没有起到约束性和战略性指导作用，停留在书面上和保存在书柜里。究其原因，是因为我国的发展规划没有法律地位，对各级政府及政府部门的行为没有约束力。国外主要发达国家基本都进行了发展规划的立法工作，在法律制度的保障下建立了完善的空间规划制度和规划体系，保障了空间规划自上而下的逐级落实。相比之下，我国不仅规划立法滞后，而且没有形成完整合理的空间规划体系，各种规划交叉重叠，甚至相互冲突，即使实施起来也是困难重重。我国要学习和借鉴国外主要发达国家的宝贵经验，尽快研究制定和出台空间规划法，并理顺各种规划的上下位关系，撤销或归并不必要的规划，建立完善合理的空间规划体系，最后把都市圈发展规划纳入空间规划体系中，赋予都市圈规划的法律地位。

四、应用大数据技术支撑都市圈高质量发展

大数据技术发展为我国都市圈发展规划编制和高质量发展提供了重要的技术支撑。一是利用大数据技术界定都市圈发展的规划范围。把大数据技术应用到城市间的产业互动发展和人口流动分析上，可以便捷地收集到城市和城镇间产业协作联系的流量数据，很真实地反映大都市与周边城市和城镇之间的产业协作关系，从而科学合理地界定都市圈发展的空间范围。二是加强我国都市圈发展大数据平台建设。应用大数据技术构建我国都市圈发展数据库平台，定期收集、整理、归类、更新都市圈发展数据，开放提供给国外研究人员所用，加强国内外著名学者对我国都市圈发展的关注和研究。集成包括高铁流量数据、手机信令数据、夜间灯光数据等方面的都市圈发展数据，加强都市圈发展层面新指标、新变

量的设计、统计和应用，不断完善我国都市圈发展数据库的数据容量和指标体系（张学良和林永然，2019）。三是定期评估都市圈规划的实施情况。应用大数据技术，建立健全都市圈发展规划实施情况的评估指标体系，并实时监测都市圈发展规划的实施数据，进而定期评估都市圈发展规划的实施情况。及时捕捉都市圈发展及规划、政策实施的有效做法和经验教训，以供其他都市圈发展及科学编制规划学习和借鉴。四是及时推进都市圈发展规划范围的动态调整。都市圈发展的空间范围并不是静止不变的，随着大都市不断壮大，都市圈发展范围也在逐步向外扩展，把更多的城市包含在紧密的产业协作关系里。应用大数据技术，要及时推进都市圈发展规划范围的动态调整。此外，在其他区域内，可能有新的大都市和都市圈已经或正在形成，也要应用大数据技术编制和实施新的都市圈规划。

五、构建都市圈规划实施的第三方评估机制

规划评估是评估规划实施情况和改进规划编制的有效方式。目前，我国各个领域基本都实施了规划评估。然而，各级政府或政府部门自我评估的传统形式很难做到规划评估的客观公正，意义有限。因此，有必要引入第三方评估团队，提高规划评估的客观公正性。目前来看，我国如国民经济和社会发展"五年"规划等规划领域的评估工作已经开始引入第三方评估团队。都市圈规划也需要实行第三方评估。构建都市圈规划实施的第三方评估机制，就是要引入社会独立研究机构来实施规划评估，解决由地方各级政府及政府部门自我评估带来的问题和弊端，确保规划评估结果和结论的客观公正性和具有公信力。

参考文献

［1］［日］富田和晓、藤井正编：《新版图说大都市圈》，王雷译，中国建筑工业出版社 2015 年版。

［2］［加］赫伯特·G. 格鲁伯、迈克尔·A. 沃克：《服务业的增长：原因与影响》，陈彪如译，上海三联书店 1993 年版。

［3］［日］藤田昌久、［美］保罗·克鲁格曼、［英］安东尼·J. 维纳布尔斯：《空间经济学：城市、区域与国际贸易》，梁琦主译，中国人民大学出版社 2011 年版。

［4］［日］藤田昌久、［比］雅克—弗朗斯瓦·蒂斯：《集聚经济学：城市、产业区位与全球化》（第二版），石敏俊等译，曾道智校，格致出版社、上海三联书店、上海人民出版社 2016 年版。

［5］陈冠位、林素穗、黄若男：《台湾城市生产者服务业空间群聚之量测》，《建筑与规划学报》，2003 年第 4 卷第 1 期。

［6］陈美玲：《城市群相关概念的研究探讨》，《城市发展研究》，2011 年第 18 卷第 3 期。

［7］陈宪、黄建锋：《分工、互动与融合：服务业与制造业关系演进的实证研究》，《中国软科学》，2004 年第 10 期。

［8］陈秀山主编、孙久文副主编：《中国区域经济问题研究》，商务印书馆 2005 年版。

［9］程大中：《中国生产性服务业的水平、结构及影响——基于投入产出法的国际比较研究》，《经济研究》，2008 年第 1 期。

［10］程大中、陈福炯：《中国服务业相对密集度及对其劳动生产率的影响》，《管理世界》，2005 年第 2 期。

[11] 董晓峰、成刚：《国外典型大都市圈规划研究》，《现代城市研究》，2006 年第 8 期。

[12] 方创琳：《城市群空间范围识别标准的研究进展与基本判断》，《城市规划学刊》，2009 年第 4 期。

[13] 高汝熹、罗明义：《城市圈域经济论》，云南大学出版社 1998 年版。

[14] 顾乃华：《我国城市生产性服务业集聚对工业的外溢效应及其区域边界——基于 HLM 模型的实证研究》，《财贸经济》，2011 年第 5 期。

[15] 顾乃华、毕斗斗、任旺兵：《生产性服务业与制造业互动发展：文献综述》，《经济学家》，2006 年第 6 期。

[16] 洪世键、黄晓芬：《大都市区概念及其界定问题探讨》，《国际城市规划》，2007 年第 22 卷第 5 期。

[17] 胡晓鹏：《生产性服务业的分类统计及其结构优化——基于生产性服务业与制造业互动的视角》，《财经科学》，2008 年第 9 期。

[18] 胡序威、周一星、顾朝林等：《中国沿海城镇密集地区空间集聚与扩散研究》，科学出版社 2000 年版。

[19] 黄雯、程大中：《我国六省市服务业的区位分布与地区专业化》，《中国软科学》，2006 年第 11 期。

[20] 李江帆、毕斗斗：《国外生产服务业研究述评》，《外国经济与管理》，2004 年第 26 卷第 11 期。

[21] 李廉水、[美] Roger R. Stough 等：《都市圈发展：理论演化·国际经验·中国特色》，科学出版社 2007 年版。

[22] 李文秀：《中国服务业集聚实证研究及国际比较》，《武汉大学学报》（哲学社会科学版），2008 年第 61 卷第 2 期。

[23] 李文秀、谭力文：《服务业集聚的二维评价模型及实证研究》，《中国工业经济》，2008 年第 4 期。

[24] 李勇、王满仓、高煜：《生产性服务业与制造业互动发展机制——基于超边际模型分析和计量实证的研究》，《中大管理研究》，2010 年第 5 卷第 4 期。

[25] 刘庆林、白洁：《日本都市圈理论及对我国的启示》，《山东社会科学》，2005 年第 12 期。

[26] 刘士林：《从大都市到城市群：中国城市化的困惑与选择》，《江海学

刊》，2012 年第 5 期。

［27］刘志彪：《论现代生产者服务业发展的基本规律》，《中国经济问题》，2006 年第 1 期。

［28］罗海明、汤晋、胡伶倩、汪杰：《美国大都市区界定指标体系新进展》，《国外城市规划》，2005 年第 20 卷第 3 期。

［29］罗明义：《中国城市圈域经济发展态势分析》，《思想战线》，1999 年第 25 卷第 3 期。

［30］吕政、刘勇、王钦：《中国生产性服务业发展的战略选择》，《中国工业经济》，2006 年第 8 期。

［31］马风华、刘俊：《我国服务业地区性集聚程度实证研究》，《经济管理》，2006 年第 23 期。

［32］马燕坤：《基于产业分工和空间联系的城市群产业空间分异研究》，福州大学硕士学位论文，2012 年。

［33］马燕坤：《城市群功能空间分工形成的演化模型与实证分析》，《经济管理》，2016 年第 38 卷第 12 期。

［34］马燕坤：《中国城市群内部产业功能分工研究》，中国人民大学博士学位论文，2017 年。

［35］马燕坤、肖金成：《都市区、都市圈与城市群的概念界定及其比较分析》，《经济与管理》，2020 年第 34 卷第 1 期。

［36］倪鹏飞主编：《中国城市竞争力报告》，社会科学文献出版社 2008 年版。

［37］宁越敏：《中国都市区和大城市群的界定——兼论大城市群在区域经济发展中的作用》，《地理科学》，2011 年第 31 卷第 3 期。

［38］沈立人：《为上海构造都市圈》，《财经研究》，1993 年第 2 期。

［39］申玉铭、吴康、任旺兵：《国内外生产性服务业空间集聚的研究进展》，《地理研究》，2009 年第 28 卷第 6 期。

［40］孙胤社：《大都市区的形成机制及其定界——以北京为例》，《地理学报》，1992 年第 47 卷第 6 期。

［41］王建：《九大都市圈区域经济发展模式的构想》，《宏观经济管理》，1996 年第 10 期。

［42］王建：《美日区域经济模式的启示与中国都市圈发展战略的构想》，

《战略与管理》，1997 年第 2 期。

[43] 韦伟、赵光瑞：《日本都市圈模式研究综述》，《现代日本经济》，2005 年第 2 期。

[44] 吴启焰：《城市密集区空间结构特征及演变机制——从城市群到大都市带》，《人文地理》，1999 年第 14 卷第 1 期。

[45] 肖金成、马燕坤：《世界典型都市圈的城市分工格局》，中国投资（中英文），2019 年第 23 期。

[46] 肖金成、马燕坤、张雪领：《都市圈科学界定与现代化都市圈规划研究》，《经济纵横》，2019 年第 11 期。

[47] 肖金成、欧阳慧等编：《优化国土空间开发格局研究》，中国计划出版社 2015 年版。

[48] 肖金成、袁朱：《中国将形成十大城市群》，《中国经济时报》，2007 年 3 月 29 日。

[49] 肖金成、袁朱等编：《中国十大城市群》，经济科学出版社 2009 年版。

[50] 肖文、王平：《外部规模经济、拥挤效应与城市发展：一个新经济地理学城市模型》，《浙江大学学报》（人文社会科学版），2011 年第 41 卷第 2 期。

[51] 谢守红：《大都市区的概念及其对我国城市发展的启示》，《城市》，2004 年第 2 期。

[52] 谢守红：《都市区、都市圈和都市带的概念界定与比较分析》，《城市问题》，2008 年第 6 期。

[53] 徐现祥、刘毓芸、肖泽凯：《方言与经济增长》，《经济学报》，2015 年第 2 卷第 2 期。

[54] 阎小培、贾莉、李建平、翁计传：《转型时期的中国大都市发展》，《人文地理》，2000 年第 15 卷第 2 期。

[55] 杨小凯、张永生：《新兴古典经济学与超边际分析》，社会科学文献出版社 2003 年版。

[56] 姚士谋、陈振光、朱英明等：《中国城市群》，中国科学技术大学出版社 2006 年版。

[57] 易承志：《大都市概念没有过时——兼与刘士林教授商榷》，《探索与争鸣》，2013 年第 6 期。

[58] 易承志：《大都市与大都市区概念辨析》，《城市问题》，2014 年第

3 期。

［59］于洪俊、宁越敏编：《城市地理概论》，安徽科学技术出版社 1983 年版。

［60］张丽君、刘新卫、孙春强等编：《世界主要国家和地区国土规划的经验与启示》，地质出版社 2011 年版。

［61］张晓明：《长江三角洲巨型城市区特征分析》，《地理学报》，2006 年第 61 卷第 10 期。

［62］张学良：《以都市圈建设推动城市群的高质量发展》，《上海城市管理》，2018 年第 5 期。

［63］钟韵、闫小培：《西方地理学界关于生产性服务业作用研究述评》，《人文地理》，2005 年第 3 期。

［64］周起业、刘再兴、祝诚、张可云：《区域经济学》，中国人民大学出版社 1989 年版。

［65］周一星：《中国城镇的概念和城镇人口的统计口径》，《人口与经济》，1989 年第 1 期。

［66］周一星、史育龙：《建立中国城市的实体地域概念》，《地理学报》，1995 年第 50 卷第 4 期。

［67］Aguilera A. , "Services Relationship, Market area and the Intra – metropolitan Location of Business Services", *The Service Industries Journal*, Vol. 23, No. 1, 2003, pp. 43 – 58.

［68］Alexander L. , *Office Location and Public Policy*, London: Longmans, 1979.

［69］Baro E. , Soy A. , "Business Services Location Strategies in the Barcelona Metropolitan Region", *The Service Industries Journal*, Vol. 13, No. 2, 1993, pp. 103 – 118.

［70］Behrens K. , Gaigné C. , Ottaviano G. I. P. and Thisse J – F. , " Countries, Regions and Trade: On the Welfare Impacts of Economic Integration", *European Economic Review*, Vol. 51, No. 5, 2007, pp. 1277 – 1301.

［71］Beyers W. B. , "Producer Services", *Progress in Human Geography*, Vol. 17. No. 2, 1993, pp. 221 – 231.

［72］Browning H. , Singelmann J. , "The Emergence of a Service Society: Demographic and Sociological Aspects of the Sectoral Transformation of the Labor Force in the

USA National Technical Information Service", *Springfield Virginia*, 1975.

［73］ Clapp J. M. , "The Intra – metropolitan Location of Office Activities", *Journal of Regional Science*, Vol. 20, No. 3, 1980, pp. 387 – 399.

［74］ Coase, R. H. , "The Nature of the Firm", *Economica*, No. 4, 1937, pp. 386 – 405.

［75］ Coffey W. J. , "The Geographies of Producer Services", *Urban Geography*, Vol. 21, No. 2, 2000, pp. 170 – 183.

［76］ Coffey W. J. , Mcrae J. J. , *Service Industries in Regional Development*, Montreal: Institute for Research on Public Policy, 1990.

［77］ Coffey W. J. , Shearmur R. G. , "Agglomeration and Dispersion of High – order Service Employment in the Montreal Metropolitan Region, 1981 – 1996", *Urban Studies*, Vol. 39, No. 3, 2002, pp. 360 – 377.

［78］ Daniels P. , *Service industries: A Geographical Appraisal*, London: Methuen, 1985.

［79］ Dixit Avinash K. , Stiglitz Joseph E. , "Monopolistic Competition and Optimum Product Diversity", *The American Economic Review*, Vol. 67, No. 3, 1977, pp. 297 – 308.

［80］ Elliott P. V. , "Intra – metropolitan Agglomerations of Producer Services Firms: The case of Graphic Design Firms in Metropolitan Meibourne, 1981 to 2001", *Master Thesis*, The University of Meibourne, 2005.

［81］ Fox K. , *Metropolitan American: Urban life and urban policy in the United States: 1940 – 1980*, Starkville: University Press of Mississippi, 1986.

［82］ Esparza A. , Krmence A. J. , "Producer Services Trade in City System: Evidence from Chicago", *Urban Studies*, Vol. 31, No. 1, 1994, pp. 29 – 46.

［83］ Fujita M. , and Thisse J. – F. , "Globalization and the Evolution of the Supply Chain: Who Gains and Who Loses?", *International Economic Review*, No. 47, 2006, pp. 811 – 836.

［84］ Gaspar J. , Glaeser E. L . , "Information Technology and the Future of Cities", *Journal of Urban Economics*, Vol. 43, No. 1, 1998, pp. 136 – 156.

［85］ Gillespie A. E. , Green A. E. , "The Changing Geography of Producer Services Employment in Britain", *Regional Studies*, Vol. 21, No. 5, 1987, pp. 397 –

411.

[86] Gottmann J. , "Megalopolis or the Urbanization of the Northeastern Seaboard", *Economic Geography*, Vol. 33, No. 3, 1957, pp. 189 – 200.

[87] Gottmann J. , "Megalopolitan Systems Around the World", *Ekistics* 243, Vol. 243, No. 41, 1976, pp. 109 – 113.

[88] Gottmann J. , *Megalopolis Revisited: Twenty – five Years Later*, Maryland: University of Maryland, Institute for Urban Studies, 1987.

[89] Greenfield H. I. , *Manpower and the Growth of Producer Services*, New York: Columbia University Press, 1966.

[90] Grossman G. M. and Helpman E. , "Managerial Incentives and the International Organization of Production", *Journal of International Economics*, Vol. 63, No. 2, 2004, pp. 237 – 262.

[91] Guerrieri P. , "Meliciani V. Technology and International Competitiveness: The Interdependence between Manufacturing and Producer Services", *Structural Change and Economic Dynamics*, No. 16, 2005, pp. 489 – 502.

[92] Hansen N. , "Do Producer Services Induce Regional Economic Development?", *Journal of Regional Science*, Vol. 30, No. 4, 1990, pp. 465 – 476.

[93] Hansen N. , "The Strategic Role of Producer Services in Regional Development", *International Regional Science Review*, Vol. 16, No. 1 – 2, 1994, pp. 187 – 195.

[94] Harrington Jr. James W. , "Empirical Research on Producer Service Growth and Regional Development: International Comparisons", *Professional Geographer*, Vol. 47, No. 1, 1995, pp. 67 – 69.

[95] Hertog P. D. , "Knowledge – intensive Business Services as Co – producers of Innovation", *International Journal of Innovation Management*, Vol. 4, No. 4, 2000, pp. 491 – 528.

[96] Howells J. R. L. , Green A. E. , "Location, Technology and Industrial Organisation in UK Services", *Progress in Planning*, No. 26, 1986, pp. 83 – 183.

[97] Illeris S. , "Producer Services: The Key Factor to Economic Development", *Entrepreneurship and Regional Development*, Vol. 1, No. 3, 1989, pp. 267 – 274.

[98] Illeris S. , Sjoholt P. , "The Nordic Countries: High Quality Services in a Low Density Environment", *Progress in Planning*, Vol. 43, No. 3, 1995, pp. 205 –

221.

[99] Juleff L. E. , "Advanced Producer Services: Just a Service to Manufacturing?", *The Service Industries Journal*, Vol. 16, No. 3, 1996, pp. 389 – 400.

[100] Karaomerlioglu D. , Carlsson B. , "Manufacturing in Decline? A Matter of Definition", *Economy, Innovation, New Technology*, No. 8, 1999, pp. 175 – 196.

[101] Keeble D. , Nacham L. , "Why do Business Service Firms Cluster? Small Consultancies, Clustering and Decentralization in London and Southern England", *Transaction of the Institute of British Geographers*, Vol. 27, No. 1, 2002, pp. 67 – 90.

[102] Krugman P. , "Increasing Returns and Economic Geography", *The Journal of Political Conomy*, Vol. 99, No. 3, 1991, pp. 483 – 499.

[103] Machlup F. , *The Production and Distribution of Knowledge in the United States*, Princeton: Princeton University Press, 1973.

[104] Macpherson A. , "The Role of Producer Service Outsourcing in the Innovation Performance of New York State Manufacturing Firms", *Annals of the Association of American Geographers*, Vol. 87, No. 1, 1997, pp. 52 – 71.

[105] Marshall J. N. , Damesick P. and Wood P. , "Understanding the Location and Role of Producer Services in the UK", *Environment and Planning*, 1987, p. 19.

[106] Martinelli F. A. , "Demand – oriented Approach to Understanding Producer Services in P. W. Daniels and F. Moulaert (eds.)", *The Changing Geography of Advanced Producer Services*, London: Belhaven Press, 1991.

[107] Muller E. , Zenker A. , "Business Services as Actors of Know Ledge Transformation: The Role of KIBS in Regional and National Innovation System", *Research Policy*, Vol. 30, No. 9, 2001, pp. 1501 – 1516.

[108] Pandit N. R. , Cook G. , "The Benefits of Industrial Clustering: Insight from the British Financial Services Industry at Three Locations", *Journal of Financial Services Marketing*, Vol. 7, No. 3, 2003, pp. 230 – 245.

[109] Pandit N. R. , Cook G. , Swann P. G. M. , "The Dynamics of Industrial Clustering in British Financial Services", *The Service Industries Journal*, Vol. 21, No. 4, 2001, pp. 33 – 61.

[110] Pilat D. , Wölfl A. , "Measuring the Interaction between Manufacturing and services", OECD STI Working Paper, 2005.

[111] Scott A. J. , "Flexible Production Systems and Regional Development: The Rise of New Industrial Spaces in North America and Western Europe", *International Journal of Urban and Regional Research*, No. 12, 1988, pp. 71 – 86.

[112] Selya R. M. , "Taiwan as a Service Economy", *Geoforum*, Vol. 25, No. 3, 1994, pp. 305 – 322.

[113] Senn L. , "Service Activities' Urban Hierarchy and Cumulative Growth", *The Service Industries Journal*, Vol. 13, No. 2, 1993, pp. 11 – 22.

[114] Shi Heling, Yang Xiaokai, "A New Theory of Industrialization", *Journal of Comparative Economics*, No. 20, 1995, pp. 171 – 189.

[115] Spence M. , "Product Selection, Fixed Costs, and Monopolistic Competition", *The Review of Economic Studies*, Vol. 43, No. 2, 1976, pp. 217 – 235.

[116] Stein R. , "Producer Services, Transaction Activities and Cities: Rethinking Occupational Categories in Economic Geography", *European Planning Studies*, Vol. 10, No. 6, 2002, pp. 723 – 743.

[117] Steven N. S. Cheung, "The Contractual Nature of the Firm", *Journal of Law and Economics*, Vol. 26, No. 1, 1983, pp. 1 – 21.

[118] Taylor P. J. , et al. , *Financial Service Clustering and Its Significance for London*, London: Corporation of London, 2003.

[119] Thompson E. C. , *Producer services*, Kentucky Annual Economic Report, 2004.

后 记

    本书是在本人博士后研究报告的基础上修改完成的。从中国人民大学攻读完博士学位后，我进入中国社科院工业经济研究所博士后流动站从事博士后研究工作。2019 年 9 月，我提前出站，正式入职国家发展改革委经济体制与管理研究所。回首近两年的博士后科研经历，不禁感慨万千，我在工作和生活的历练中成长，开阔了视野，增长了见识，提升了能力，变得更成熟。感谢中国社科院工业经济研究所提供的机会和平台！

    首先感谢我的博士后合作导师陈耀研究员！我的博士后研究报告是在陈老师的悉心指导下完成的，在选题和撰写过程中都与他进行了多次沟通交流。陈老师学识渊博，认真负责，治学严谨。当我把博士后研究报告初稿交给他后，他细致审阅，提出了中肯且贴切的修改建议。我的博士后研究报告顺利完成并通过考核离不开陈老师的悉心指导和帮助。从陈老师身上，我看到了老一辈科研工作者严谨的科研精神和崇高的学术修养，也学到许多知识和道理，受益匪浅。

    感谢我的父母！他们依然默默无闻地关心着我，支持着我，从不对我苛求什么，是我坚强的精神后盾。我要努力工作，尽我所能去改善他们的生活。

    感谢我的妻子张雪领！在站期间，我们组建了一个小家。她始终支持我的决定，承担了很多家务劳动，爱护我，心疼我，是我前进的动力。我要努力工作，给予她更好的生活。不负人生，不负卿！

    我最应该感谢国家发改委国地所肖金成研究员！他在我的学习和生活中给予了莫大的关心和帮助。他多次邀请我参与他主持的课题研究，不但使我的科研能力大大提升，也在很大程度上缓解了我的生活压力。我对他的感激之情难以言表！

    感谢首经贸安树伟教授，人民大学孙久文、张可云、付晓东等教授，工经所的叶振宇、杨宏静等老师和国家发改委经济所的申现杰博士！他们都给予了我许多关心和帮助。

最后，感谢经济管理出版社对书稿出版给予的大力支持！

马燕坤

2020 年 8 月 15 日于北京·霞光里